那座灯塔

辽篮永无止境的争冠之路

刘 放 李 翔⊙著

北方联合出版传媒(集团)股份有限公司

辽宁科学技术出版社

U0726993

图书在版编目（CIP）数据

那座灯塔：辽篮永无止境的争冠之路 / 刘放, 李翔
著. —沈阳：辽宁科学技术出版社，2024.8
ISBN 978-7-5591-3625-1

Ⅰ.①那…Ⅱ.①刘…②李…Ⅲ.①男子项目—篮球
运动—俱乐部—介绍—辽宁 Ⅳ.①G841.62

中国国家版本馆CIP数据核字（2024）第112317号

出版发行：辽宁科学技术出版社
　　　　　（地址：沈阳市和平区十一纬路25号　邮编：110003）
印　刷　者：沈阳丰泽彩色包装印刷有限公司
经　销　者：各地新华书店
幅面尺寸：170 mm × 240 mm
印　　张：18.5
字　　数：300千字
出版时间：2024年8月第1版
印刷时间：2024年8月第1次印刷
出　品　人：陈　刚
责任编辑：郑　红
装帧设计：白立冰
责任校对：栗　勇

书　　号：ISBN 978-7-5591-3625-1
定　　价：98.00元

联系电话：024-23284526
邮购热线：024-23284502
http://www.lnkj.com.cn
E-mail：29322087@qq.com

贺 电

省体育局并转辽宁沈阳三生飞豹篮球俱乐部：

在备受瞩目的2021—2022赛季中国男子篮球职业联赛中，辽宁男篮一路披荆斩棘、过关斩将，勇夺总决赛冠军。在此，向全体运动员、教练员和俱乐部工作人员致以热烈的祝贺和诚挚的慰问！

时隔4年，辽宁男篮再次登顶，创造了辽宁男篮的新历史，打出了辽宁体育大省的气势，为辽宁争了光、添了彩，成绩令人振奋、精神值得点赞。一次次逆转、一场场胜利，诠释了对梦想的笃定、对目标的执着、对家乡的情怀，你们众志成城、敢打敢拼的昂扬斗志，令人动容;你们克服困难、超越自我的坚韧意志令人钦佩;你们永不服输、愈战愈勇的刚毅气魄，令人称赞。辽宁男篮是全省人民的骄傲和自豪，是辽宁的一张靓丽名片，所展现出的团结协作、顽强拼搏、永不言弃、砥砺前行的精神风貌，必将激励全省人民坚定信心、攻坚克难、奋勇争先，谱写新时代辽宁振兴发展新篇章。

立足新起点新征程，希望辽宁男篮在今后赛场上再攀高峰、再创佳绩、再传捷报，为辽宁取得更大的光荣。希望全省体育工作者拼搏进取、逐梦前行，为不断提升辽宁体育综合实力、加快体育强省建设步伐贡献力量。

中共辽宁省委

辽宁省人民政府

2022年4月26日

2022—2023赛季CBA联赛

贺 电

省体育局并转辽宁沈阳三生飞豹篮球俱乐部：

在万众瞩目的2022—2023赛季中国男子篮球职业联赛中，辽宁男篮过关斩将、奋勇争先，不负众望再夺魁，成功卫冕总冠军。在此，向全体运动员、教练员和俱乐部工作人员致以热烈的祝贺和诚挚的慰问！

辽宁男篮第三次举起冠军宝鼎，创造了球队新的历史，打出了体育大省的气势与雄风，为辽宁争了光、添了彩。这份荣耀的背后，凝聚着全队的奋斗与拼搏，主帅运筹帷幄，老将挺身而出，中坚大放异彩，新锐热血拼抢，在一声声"我爱辽篮"的呐喊助威中，你们用一场场鼓舞人心的胜利，点燃了"为梦持炬，当燃由我"的斗志与激情，诠释了永不言弃、勇于争胜的信念与笃定，极大提振了全省实施全面振兴新突破三年行动、打好打赢新时代"辽沈战役"的信心与

决心。辽宁男篮不愧为辽宁体育的金字招牌，不愧为全省人民的骄傲！辽宁男篮的胜利有力证明，没有等来的冠军，只有拼来的胜利，只要辽宁儿女都拿出特有的志气、骨气、底气，撸起袖子干，甩开膀子拼，辽宁就一定行！

新时代是追梦者的时代，也是成就梦想的时代。希望辽宁男篮继续发扬敢打敢拼、团结协作的优良作风，在今后赛场上再奏凯歌、再创辉煌，为中国篮球事业作出更大贡献。希望全省体育工作者，力争上游、勇攀高峰，积极投身体育强省建设，进一步增强全省人民的自豪感、自信心和凝聚力，为奋力实现辽宁全面振兴新突破、谱写中国式现代化辽宁新篇章汇聚强大力量。

中共辽宁省委

辽宁省人民政府

2023年5月15日

贺 电

省体育局并转辽宁沈阳三生飞豹篮球俱乐部：

在2023—2024赛季中国男子篮球职业联赛中，辽宁男篮不畏强手、敢打敢拼，奋勇争先、不负众望，不仅勇夺常规赛第一名，更在季后赛成功卫冕总冠军！在此，向全体运动员、教练员和俱乐部工作人员致以热烈祝贺和诚挚慰问！

辽宁男篮连续五个赛季闯进总决赛，一举夺得"三连冠"，第四次夺得中国男子篮球职业联赛总冠军，创造了球队新历史，打出了体育大省的气势与雄风。这份荣耀的背后，浸润着汗水与付出，凝聚着拼搏与奋斗，一场场激情澎湃的比赛，一次次韧性十足的逆转，展现出辽宁男篮健儿们永不言弃、坚韧不拔的钢铁意志，追求卓越、勇于争胜的进取精神，众志成城、协作攻坚的团队意识，热爱辽宁、奉献家乡的深厚情怀。辽宁男篮再一次擦亮了辽宁体育的金字招牌，再一次为辽宁争了光、添了彩，不愧为全省人民的骄傲！辽宁男篮的胜利进一步提振了全省实施全面振兴新突破三年行动、打好打赢攻坚之年攻坚之战的信心决心，进一步激发了全省上下勇往直前、团结奋斗的昂扬斗志，为推动新时代辽宁全面振兴注入了精神力量。

新征程孕育新希望，新起点承载新梦想。希望辽宁男篮传承中华体育精神，在今后赛场上再攀高峰、再创佳绩，助力中国篮球事业蓬勃发展。希望全省体育工作者不断超越、唯旗必夺，助力体育强省建设，为把辽宁打造成为高品质文体旅融合发展示范地，不断开创全面振兴新局面，推进中国式现代化辽宁实践作出新的更大贡献！

中共辽宁省委

辽宁省人民政府

2024年5月22日

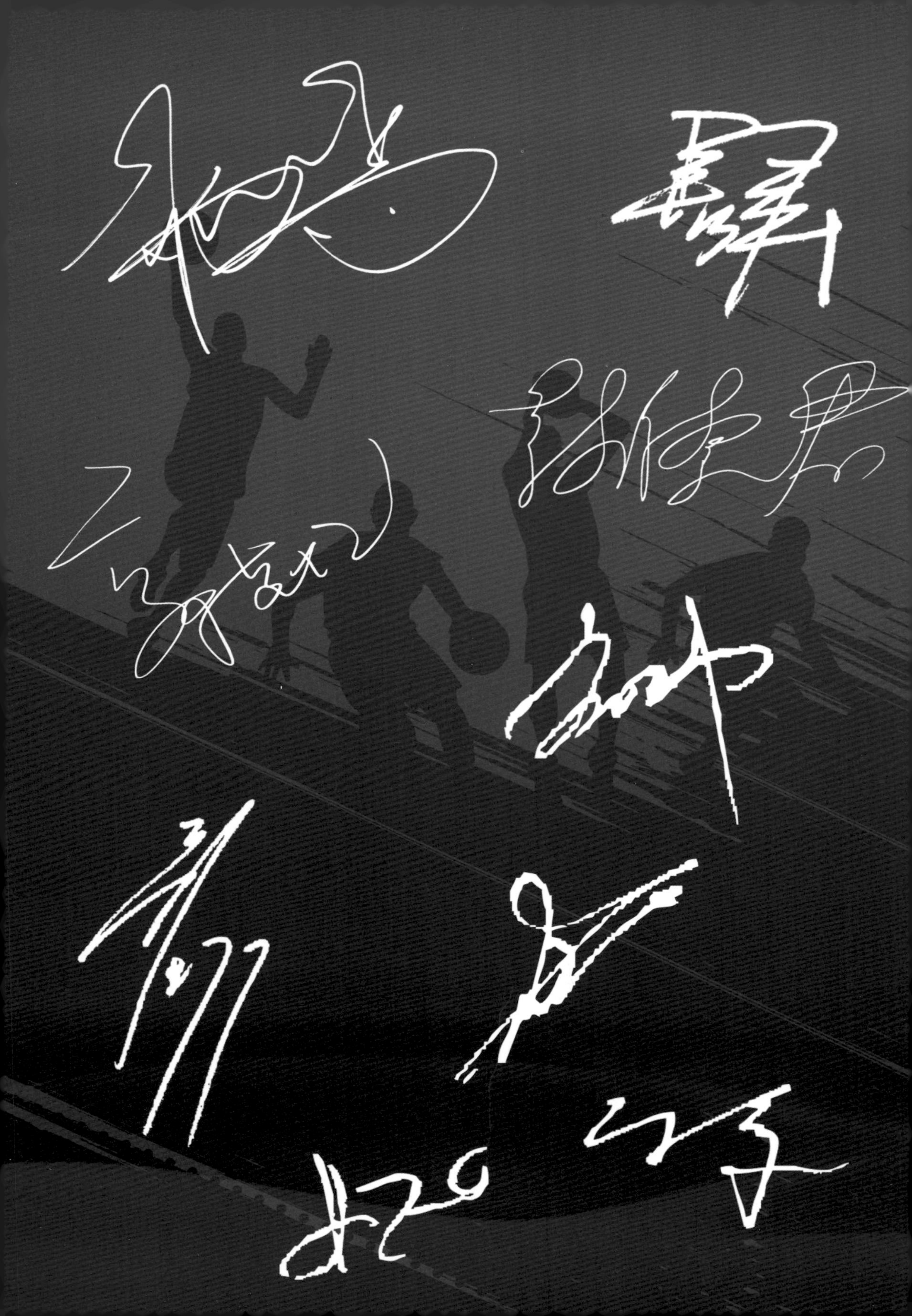

扫 码 观 看

〔倾情巨献〕
辽宁男篮王朝之路

· 专题片 ·

《那座灯塔》

序

回忆起 2024 年 5 月 22 日的夜晚，我至今依然心潮澎湃：辽宁男篮捧起了队史第四座中国男子职业篮球联赛（CBA）冠军奖杯，创造了球队新的历史，打出了体育大省的气势与雄风，为辽宁争了光、添了彩。欢呼声从领奖台上传出，从体育馆中传出，从整座城市的每一个角落传出……那个夜晚成了辽宁球迷的狂欢节，鼓舞了无数普通人为梦想奋斗的勇气。

体育是提高人民健康水平的重要途径，是满足人民群众对美好生活向往、促进人的全面发展的重要手段，是促进经济社会发展的重要动力，是展示国家文化软实力的重要平台。

22 日的那个夜晚正是体育应有的样子。感谢《辽宁日报》两位资深记者刘放、李翔，《那座灯塔——辽篮永无止境的争冠之路》的出版用 10 万余文字和数百张照片纪念这段属于辽宁体育的美好记忆。

三年多来，辽宁男篮连续三次赢得 CBA 联赛总冠军和一次全运会的冠军。辉煌的成绩背后，辽宁男篮也承受了很多压力和困难。但"愈是困难愈向前"的拼搏精神让辽篮一次次战胜困难成为更强大的自己。顽强拼搏的辽篮拼在每一个篮板、每一次对抗、每一堂训练。每一个细节都拼尽全力，最终拼出了总冠军。

辽宁男篮的成功始于深厚的历史传承。也许辽篮球员的个人能力不是 CBA 联赛中最强的，但他们一定是 CBA 中最团结的。辽宁男篮的队员们用实际行动诠释了什么是团队精神，什么是不懈努力。他们在赛场上相互信任，相互鼓励，相互用自己的臂膀为彼此护航。这也是从蒋兴权、吴庆龙、吴乃群、李晓勇、王芳、展淑萍、郭士强到今天的杨鸣、韩德君、李晓旭、郭艾伦、赵继伟、张镇麟、付豪等一代代辽宁篮球人一脉相承、代代相传的精神基因。

辽宁男篮的成功源于先进的运营模式，能接连取得优异成绩，这要归功于全国首创、具有辽宁特色的"混合体制"运营模式。"混合体制"是"新型举国体制"辽宁化的产物，简单说就是"三支撑"发展模式，即企业主导、政府引导、社会扶持。此发展模式的最大优势，在于能够最大限度地整合资源，形成合力，推动发展。众人拾柴火焰高。辽宁男篮近年来的成功离不开省委、省政府的关心关怀与大力支持，同时与本溪市、沈阳市两个主场合作城市及赞助单位本钢集团，以及社会各界的鼎力支持密不可分。

辽宁男篮的成功在于脚下的黑土地。辽宁男篮顽强拼搏、团结奋斗的气质，来源于这片土地。投身于干事创业的辽宁干部群众，更愿意把辽篮夺冠看作辽宁在新时代振兴突破中的序曲。读懂辽篮夺冠背后的能量密码，也就读懂了辽宁干部群众为振兴发展攻坚克难、主动作为的劲头和精神。就像这本书中关注到的球迷群体，他们有的在大洋彼岸，有的在五湖四海。他们来自各行各业，他们彼此素昧平生，有的是青春年少正风华，有的是耄耋风采依旧在。辽宁男篮是他们共同的精神纽带。他们在赛场中以高素质向全国人民展现了辽宁奋斗精神，让全国人民感受火一般的辽宁热情。辽宁球迷，也是赛场上一道亮丽的风景。

辽宁男篮的成功归功于全省人民——是那道光，那座灯塔。在一声声"我爱辽篮"的呐喊助威中，辽篮将士们在赛场上生动地诠释了永不言弃、勇于争胜的信念与笃定，极大提振了全省实施全面振兴新突破三年行动、打好打赢新时代"辽沈战役"的信心与决心。如省委、省政府《贺电》所说：辽宁男篮再一次擦亮了辽宁体育的金字招牌，再一次为辽宁争了光、添了彩，不愧为全省人民的骄傲！辽宁男篮的胜利进一步提振了全省实施全面振兴新突破三年行动、打好打赢攻坚之年攻坚之战的信心决心，进一步激发了全省上下勇往直前、团结奋斗的昂扬斗志，为推动新时代辽宁全面振兴注入了精神力量。

莫道前路多险阻，再闯关山千万重。借《那座灯塔——辽篮永无止境的争冠之路》一书的出版，祝愿辽宁男篮在新的征程上踔厉奋发、勇毅前行，从胜利走向新的胜利。

辽宁省体育局党组书记、局长

第一章　光和灯塔

辽宁沈阳三生飞豹篮球俱乐部董事长刘景远（左）为杨鸣颁奖

三连冠是一个无可争议的王朝，辽宁王朝在这一刻正式落成。

2024年5月22日晚，辽宁本钢男篮客场104∶95击败新疆，系列赛4∶0横扫对手夺冠。这是辽宁队史第四次捧起冠军鼎，也是他们连续第三年封王。回望CBA历史，辽宁男篮也成为继八一和广东之后，第三支实现三连冠的CBA球队。

和过去两年迈上巅峰的剧情类似，辽宁又一次以摧枯拉朽的方式碾压对手。2022年4∶0横扫广厦、2023年4∶0横扫浙江、2024年4∶0横扫新疆，这三个对手都是当赛季常规赛排名仅次于辽宁甚至高于辽宁的球队，但在正面对话里，辽宁展现出了绝对的统治力。

这一晚的辽宁男篮集合了所有不利条件。大外援莫兰德在上一场比赛中累积到个人季后赛第三次违体犯规，本场自动停赛；小外援弗格开场5分钟被吹3次犯规，不得不在大部分时间里作壁上观；甚至辽宁男篮主帅杨鸣也因为累积两次技术犯规在末节被罚出场。即便如此，辽宁还是客场赢下胜利，实现三连冠伟业。

可以说，这支辽宁队拥有着强大且完备的班底，他们是当今CBA联盟弱点最少的队伍，也是最稳定、最团结的集体。拥有本土最出色的进攻发动机赵继伟，季后赛状态火爆的弗格，防守存在感拉满的张镇麟和莫兰德，稳定的"玄冥二老"韩德君和李晓旭，还有全面爆发的付豪、奇兵刘雁宇、打出"五星水准"的

2023-2024 中国男

CBA 2024 冠军 CHAMPIONS

篮球职业联赛·总冠军

库珀等一众战将。

这套班底、杨鸣的回归,辽宁男篮就是这个时代CBA无可争议的代名词。

"结果是好的,比什么都重要,可能过程当中有一些小遗憾,其实我还是想把那五位老球员在最后时刻派上去感受总决赛最后的喜悦,但是很遗憾。不过比赛就是这样,其实这场比赛的波折跟整个赛季的波折是相同的,球队遇到了一些伤病,一些球员的状态起伏,包括有些时候整体的水准没有达到大家的期望,也饱受质疑,甚至一度在悬崖边上。但是大家凭着这股韧劲儿,以及这两年当中经历的这些风波，能够很好地去驾驭、去化解，我觉得这是我们这个团队走到今天最值得表扬的地方。"杨鸣坦言。

"我也很感谢大家能在最后时刻顶住压力，因为三届总决赛三次4：0，这个我觉得不是一般球队能做到的。确实我们队在这种时候的凝聚力是常规赛的几倍、是几何式增长，所以这一点是我们成功的基础。"

关于外界将三连冠视为无可争议的王朝，冷静的杨鸣却并没有这么想。

"王朝不敢这么说，但我的想法是，这一次夺冠的压力是最大的。为什么这么说？因为确确实实我们队的平均年龄在这，每一年的联赛都有一些变化、一些突发情况，随着年龄的增长，这种突发情况在辽宁队身上发生的概率会增加。所以我们折腾不起，也不容有失。"

"所以这一次辽宁队甚至从季后赛开始就一直在筹划、轮转，教练组研究这些重点球员的出场时间和轮换方式。很幸运他们有一些伤病但最终都能顶得下来，这出于他们对这个集体的热爱，出于整个后勤团队对他们的身体的保障，精神层面他们也是不可战胜的。而且这几年的总决赛都有些不能公布的伤情，但是他们都顶过来了，所以我很感谢大家。"

正如杨鸣所言，如今的辽宁男篮是一支年龄结构偏大的球队。韩德君37岁、李晓旭33岁，双外援莫兰德和弗格也已经32岁和34岁，他们比其他队伍更容易遭遇伤病和体能考验，"球队领袖"郭艾伦的受伤也让球队轮换吃紧。但辽宁队还是克服万难，铸就辉煌。

这里有足够长远的眼光、有科学的人员使用、有全队的团结一心、有强大的精神属性，甚至有强者自谦的运气……这一刻，辽宁男篮将自己的强大展现得淋漓尽致。

一颗篮球点亮万家灯火，成为千万人的精神寄托。很多球迷听着这一晚杨鸣低调、谦逊的赛后感言，纷纷把思绪拉回2022—2023赛季CBA总决赛后，重温了杨鸣谈及"精神家园""辽宁精神"的经典瞬间、感人时刻。

2024 年 5 月 22 日，辽宁男篮球员郭艾伦（左一）在比赛后与新疆队球员阿不都沙拉木（左二）致意

2023年5月15日晚，辽宁男篮横扫浙江队的夺冠夜，辽宁体育馆新闻发布厅。在颁奖仪式之后的新闻发布会上，杨鸣的开场白令在场的众多记者纷纷停下了敲击键盘的手指。"希望和光"这样诗意的表述，在CBA赛场的新闻发布会上，是不多见的。大家都凝神注视着杨鸣，不想错过这段充满深情的夺冠感言中的每一个字。

当时，似乎感受到了记者们热切的目光，杨鸣平静的语调开始有了波澜："我们最后能拿到冠军，拼的是一种辽宁人特有的坚韧的意志。辽宁队在全国其他一些地方比赛的时候，有很多在当地生活的辽宁人，在现场不遗余力地加油。没有人喜欢背井离乡，只是生活所迫，他们把普通人或者说想成为成功人士的命运交给了其他城市，但他们都有一颗爱家乡的心。我们受到全国球迷的喜爱，不单因为我们的球队属性，往深层次说，我们还代表一些没有那么成功，甚至在为生活打拼的一些普通人的希望和光……我们是普通人想改变命运的标杆或者灯塔。"

杨鸣通过一种浅显易懂的方式，说出了我们很多人的心里话。

辽宁男篮主场MC梁佳烁

"我特别认同杨鸣指导的这段话。篮球，现在就像我们的一个精神家园。"辽宁男篮主场MC梁佳烁感慨道。2022—2023赛季总决赛3：0领先后，所有人都意识到辽篮获得第三个总冠军已是板上钉钉，梁佳烁提前准备了一段心里话。在总决赛G4结束，辽篮回到更衣室之后，梁佳烁在现场万余名球迷面前，开始了这一独白——

"感谢现场和荧幕前所有的辽宁球迷，我们共同见证了辽宁男篮在自己的主场夺得队史第三个总冠军，也是辽宁男篮的首次卫冕。这是属于辽宁男篮和所有辽宁球迷最荣耀的时刻，让我们掌声响起，掌声送给辽篮的将士们，更送给每一位辽宁球迷，辽宁球迷永远是辽宁男篮最宝贵的财富，掌声送给大家，感谢所有辽宁球迷！"

事后，我曾经问过他，怎么想到要在夺冠当晚作这样一番独白，他充满深情地说道："从小我就是辽宁队的球迷，跟随着爷爷、爸爸一起看球，我是看着辽宁队长大的，有机会能为辽宁男篮呐喊，成为球队的一分子，我非常珍惜和荣幸，我是打心底里热爱这支球队，同时我也热爱我的家乡。"梁佳烁的话，道出了所有辽宁人的心声。

如今，回顾三连冠之路，梁佳烁表示，我们曾遇到了很多困难和挑战，我们有过半决赛客场大比分落后的绝境，有过外界不时传来的质疑，也遭遇到了主力队员的伤病和状态的起伏，但这些都没能阻挡辽宁男篮夺冠的脚步。我们厚积薄发、我们稳中取胜、我们的教练组运筹帷幄合理调配阵容，我们的队员团结一致，奋勇拼搏，最后成功问鼎。辽宁男篮又一次向所有球迷展示出，这是一支拥有非凡勇气、坚定自信以及高超战术素养的冠军球队，他们用这样的完美的表现回馈了所有支持他们的球迷。

"对于我们来说，辽宁男篮不仅是一支球队，他是所有辽宁球迷的信仰，很多辽宁人都把辽宁男篮当作了自己的精神寄托。"梁佳烁感慨道，辽宁男篮已经成为辽宁的一种文化，成为辽宁一张最好的名片，辽宁人民热情好客、勇敢善良、质朴纯真，相信有了辽宁男篮的精神助力，我们的家乡会迸发出更大的活力。

"全国人民都支持辽篮夺冠。"这是总决赛进程中，短视频平台流传甚广的一句话。到底有多少人支持辽宁男篮？具体数据无从查证。但有据可查的是，在所有19个客场，辽宁男篮几乎都拥有自己的球迷组织，这在整个CBA是独一无二的。雄厚的群众基础为辽宁篮球提供了生存发展的土壤，辽篮扎根其中汲取养分，最终成长为参天大树。

"回想往事越千篇，与辽篮的情怀暖心间。辽篮，球迷的情人。"年近七旬的

2022 年 4 月 26 日，2021—2022 赛季 CBA 总决赛第四场，辽宁男篮战胜浙江广厦队，夺得队史第二次总冠军。赛后，辽宁省体育局党组书记、局长宋凯（前排左三）与球队庆祝胜利

辽宁沈阳三生飞豹篮球俱乐部总经理刘子庆（左）与资深球迷老李合影

近年来，刘子庆深耕辽宁青训培养。这是他走进沈阳市第七中学，寄语青少年

李松华用一种浪漫的方式揭开了他与辽篮情缘的序章。

说起李松华的名字，可能有人一时反应不过来。但提起"球迷老李"，在辽宁体育圈可谓人尽皆知。"辽宁一定行，辽篮一定赢""胜也爱你，败也爱你""无论成败，与辽同在"……这些口号和标语，饱含着老李对辽篮的深情。老李回忆说，他们经常跟球队去客场，"有几次，我们坐火车去客场，等到站了一看，外边下着大雪。我们打车去体育馆，这才没误了比赛"。

球迷夫妻胡毅和王红被称为辽篮铁杆中的"神雕侠侣"

至于主场，老李几乎场场不落。辽篮有7个赛季主场设在本溪，"在本溪的辽篮主场比赛，我们每场必去，然后当晚要返回沈阳，不夸张地说，真是披星戴月"。最让老李难忘的一次，是有一次下大雪，高速封道，开着车走便道回沈阳，"当时能见度也就1米左右，我们只能提心吊胆地慢慢开，等开到家一看，哟，天亮了"。

此前，辽宁男篮六次在总决赛折戟，被讥讽为"千年老二"，老李心里很难受。但如今四夺CBA总冠军，两夺全运会金牌，给辽宁球迷带来了太多快乐。5月22日，辽篮再次成功登顶，老李又一次和伙伴们一醉方休。"在总决赛之前，我们就喊过，夺冠以后，要把沈阳啤酒喝干。"老李说，那是他醉得最开心的一次。

在辽篮的比赛现场，来自沈阳的胡毅和王红两口子总是看台上的焦点。在辽宁球迷圈子里，他们被称为"胡哥"和"红姐"，也被大家称为辽篮铁杆中的"神雕侠侣"。

"我跟我们家老胡支持辽篮这么多年，无论跟教练还是队员，感情都跟亲人一样，是生活中不可缺少的一部分。可以这么说，几天见不到他们，我们就想。一听要有比赛了，就想着盼着等这一天早点来。如果是客场，就赶紧张罗把机票或者车票订好，恨不得马上就过去见一眼。"红姐以细腻的情感回忆起和辽篮相处的点点滴滴。

"这些孩子们也拿我们当他们的长辈，记得有一次，我们冒雨守在大巴前给他们打气加油。每一个从我们身边走过的队员都会叮嘱我们别在雨里站久了，赶紧回去吧，别着凉了。那关切的眼神和语气，确实是亲人的感觉。"红姐感慨道。

这次与新疆的总决赛G3和G4，有500余名辽宁球迷来到乌鲁木齐奥体中心。作为铁杆球迷中的"超级铁杆"，胡哥和红姐一路万里随行，现场见证了辽宁男篮实现三连冠。

在总决赛第四场，乌鲁木齐奥体中心，我在看台上见到了胡哥，面对采访，胡哥非常兴奋："这么多年，我一直跟着辽篮征战，直到今天，现场见证了三次夺冠。今天是总决赛第四场，只要拿下，我们就是第四个冠军、三连冠，我今天非常高兴。希望队员们不要受伤，拿下冠军，高高兴兴地回家庆祝。"胡哥意气风发，兴奋之情溢于言表。

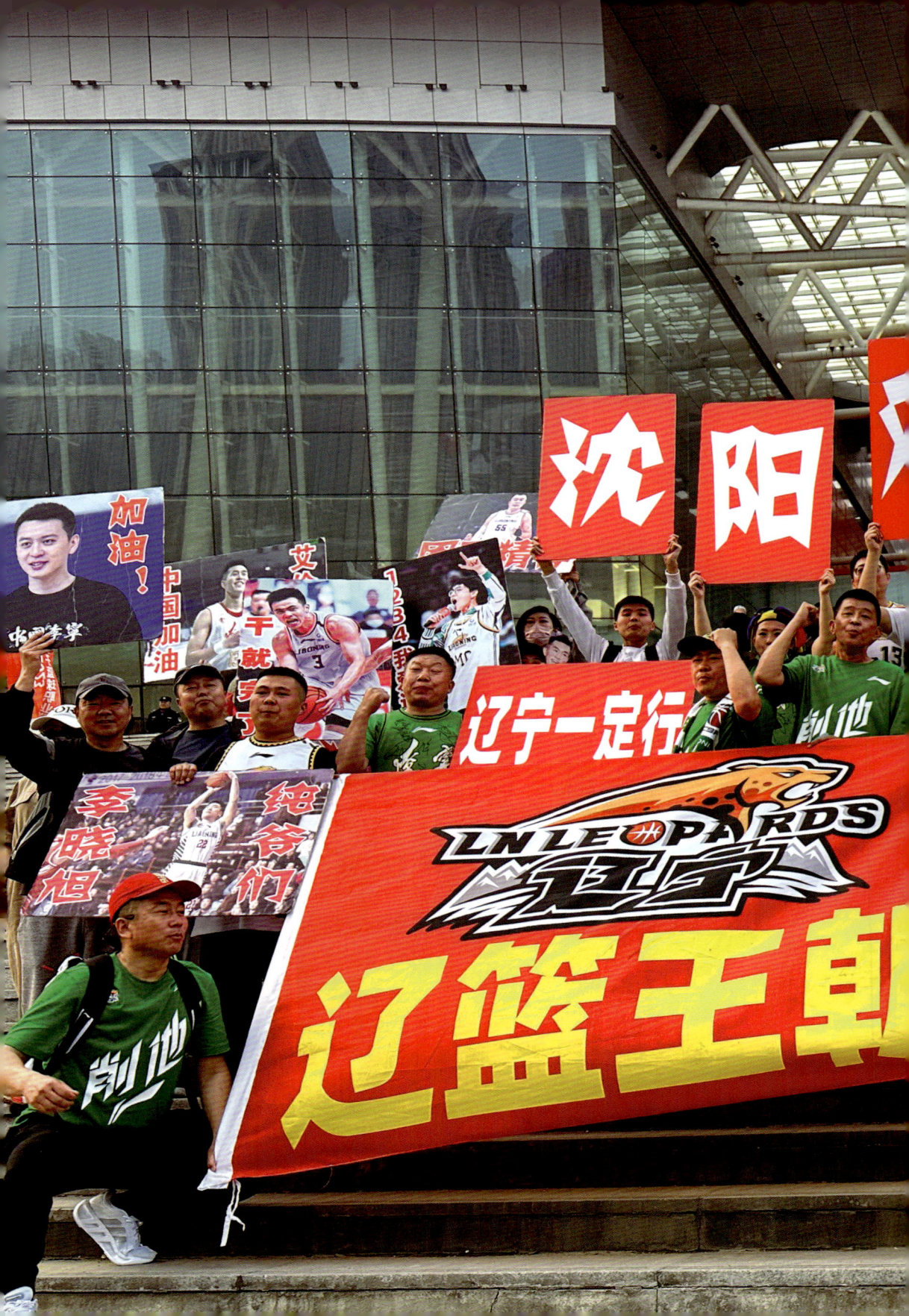

　　红姐介绍，她和胡哥到乌鲁木齐客场为辽篮加油，还带来了1000多个加油棒，免费分发给现场的辽宁球迷，希望用这种方式为辽篮将士打气助威。"现场气氛非常好，我们与新疆球迷相处非常融洽，希望两支球队能给大家带来更加精彩的比赛。"红姐说。

　　"辽宁篮球必胜！"这个标志性的口号从本溪一路喊到了沈阳，张连超无疑是喊过次数最多的人之一。几乎每个去过现场的球迷都记住他那嘹亮的领喊声，既富有激情，又能把握住赛场上的节奏，与场上球员的表现遥相呼应，提振士气，震慑对手。

　　大家喜欢叫张连超"阿超"。作为一名80后球迷，阿超从职业联赛之初就关注辽篮。从2009—2010赛季主场回归沈阳，到之后的本溪，再重回沈阳，他现场观看了辽篮所有主场比赛。尤其在本溪看球的7个赛季，每场比赛他都要和老李、胡哥、红姐等提前开车出发，有时赶上极端天气，他还要去买更早的火车票。

　　正是因为对辽宁男篮多年的追爱，阿超和老李、胡哥、红姐等成了辽篮铁杆球迷的代表。他们会在赛前早早准备出标语牌，到现场分发给球迷，在现场带动气氛，让球迷们提早进入"加油"模式。无论成败，与辽同在；天辽地宁，永不独行。辽篮经历过低谷，也有过捧杯的辉煌，不论起落，阿超说，他始终会以他的方式支持辽篮、深爱辽篮。

　　很多人认识"辽篮球迷尖子班"群主李文超。喜欢辽宁队24年，在2018年夺得球队历史第一座总冠军奖杯后，李文超把喜欢变成了挚爱，那个夺冠季，辽篮球迷"尖子班群"应运而生。"尖子班群一开始成立的时候只有一个群，就十几个人，到如今尖子班群已经有12个，群成员已经有5000余人，遍布全国各地。很多外省的球迷，大家聚到了一起，成为辽篮球迷大家庭。"李文超自豪地说。

　　如果大家不能去现场看球，李文超会组织球迷们一起找个串店或者电影院，大家聚在一起，在屏幕前为辽篮加油助威。大大小小的聚会已经组织了几十次，辽篮名宿刘志轩当年的串店就像他们的主场一样，只要有比赛他就会组织球迷去那边撸串，边看辽篮比赛。

每次聚会，李文超都会精心准备辽篮签名照、签名球衣等礼物。他说，自己和大家一样都是热爱辽篮的普通球迷，能有幸把大家聚到一个群里，跟大家相识，给大家提供一些力所能及的帮助是人生中最幸福的一件事。

2014年，张一弛还在北京上大学。那一年，辽宁男篮又一次被老对手新疆队淘汰，他独自一人在宿舍里悄悄哭红了眼。"下个赛季我一定要现场给辽宁队加油。"他暗地里下定决心。2014年10月13日，他创建的"北漂男孩爱辽篮"球迷组织正式成立。

"1234！我爱辽篮！"这个响彻在任何一座CBA体育馆的口号是谁起的？张一弛笑了笑，拍了拍胸脯。"北漂男孩爱辽篮"球迷组织成立的第二年辽宁队打进了总决赛，那时的北京五棵松体育馆还没有客队球迷区，总决赛中很多落单的辽宁球迷偶尔会和北京球迷出现小摩擦，"削他"的口号更是"刺激"到了北京球迷。

张一弛和他的团队连夜讨论更换口号，最终选择了这个中性且又铿锵有力的口号。组织者王路飞在现场带领大家一遍又一遍地重复着这个口号，但最开始怎么喊也喊不齐。随着不断地磨合，北漂男孩们逐渐适应了这个口号，比赛结束的那一刻，"1234！我爱辽篮！"的口号响彻了整个五棵松。

"北漂男孩爱辽篮"球迷组织创建者张一弛（右）
与张镇麟合影

"班主"李文超（前排左一）组织"辽篮球迷尖子班"在第二现场为辽篮加油

接下来几年，"北漂男孩爱辽篮"球迷组织不断壮大，给郭艾伦众筹钢铁侠头盔、倡议大家文明观赛等举措屡次将他们送上媒体头条。2018年，张一弛回到家乡沈阳工作。2023年，张一弛成为咪咕视频的辽宁队特约记者，以记者的身份见证了辽宁队的三连冠。他说他经历过第一冠的刻骨铭心，接下来的几个冠军更像是水到渠成，他要见证辽宁男篮更多的荣耀和辉煌。

在上海一家外企工作的邓昊是长三角地区"星火辽员"球迷会的一员。从辽足到辽篮，在这些队伍身上，邓昊寄托着自己的乡情。

辽宁男篮第一次夺得CBA总冠军是在2018年，而此前6次闯入总决赛全部败北。"2018年4月22日，那天晚上我们在上海虹口体育场外一个烧烤店看球，大概100个人。终场哨响的时候，好多人都是当场就哭了。现在想想看，有一种悲情英雄的感觉，一直在努力，永远不放弃，最后终于达到了目标，我想这就是大伙哭的原

因。"邓昊回忆。

2001年8月15日，一个叫张强的辽宁小伙儿来到广州打拼。从小就喜欢体育运动的张强，到了他乡异地依然关注辽宁男篮。随后不久，张强加入了"雷锋军团"的球迷组织，这支活跃在珠三角以广东地区为主的辽宁球迷组织，无论辽篮、辽足、女篮、排球，只要是辽宁体育到广东来比赛，都会去现场为球队加油。

"雷锋军团"球迷组织成员张强（右）与弗格合影

张强介绍，"雷锋军团"经过多年的发展，已从最初的4个人壮大到拥有近千人的球迷组织，吸引了湖南、湖北、浙江、广西等非辽宁籍的辽蜜，可谓是一个"九州荟萃"的庞大辽宁球迷群体。"去年的夺冠发布会上，杨鸣指导说'谁不想在家乡发展，谁愿意背井离乡'，这句话说到了每一个省外游子的心坎里。"张强激动地说，"无论走得多远、飞得多高，那个四季分明的大辽宁永远都是我们的根，我们的家园。"

辽宁男篮持续的好成绩引发全国各地，甚至海外辽宁籍球迷的关注，在北京、上海、广州、深圳、成都、吉林、哈尔滨等城市，包括澳大利亚、英国等都产生了大大小小的辽篮球迷团。在各个客场，为辽篮助威的辽宁球迷方阵也成为CBA赛场一道独特的风景，辽宁球迷把季后赛的客场营造出了主场的氛围，是辽篮夺冠的"最佳第六人"。

"作为辽宁球迷，无疑是最幸福的。过去这十年，是青春的、

阿超父子现场为辽篮加油

是激情的、是辽宁的。"辽宁男篮夺得三连冠后，在北京工作的锦州人刘鹏飞在朋友圈这样写道。"我感觉辽篮可能就是我们在外生活工作的辽宁人的一个精神寄托。当一支家乡球队出现在面前的时候，很多情绪一下子就爆发出来了。我们发自内心地为家乡骄傲，希望家乡变得更好，所以大家也不自觉地把这样美好的愿望寄托在这支队伍身上。"刘鹏飞说。

辽宁球迷最喜欢用的一句口号是"无论成败，与辽同在"。大多数的辽宁球迷并不是简单地追星，而是对球队发自内心的喜爱，他们不是在辽篮巅峰时慕名而来，自然也不会在辽篮低谷时转身离开。

这样的球迷，是辽宁男篮宝贵的财富。这样的球迷文化，是值得整个CBA学习的榜样。

第二章　辽宁精神

没有等来的冠军，只有拼来的胜利。

辽宁男篮四夺CBA总冠军，蝉联全运会金牌，是敢打敢拼、勇于争胜，重振体育大省气势雄风的高光时刻；是提振信心、激发斗志，奋力推进全面振兴新突破的生动画面。

在硬实力的背后，这支辽宁男篮表现出来的精气神，是不容抹杀的闪光点。年过八旬的辽篮功勋主帅蒋兴权曾说过一句肺腑之言："现在球迷看球，不仅看技战术，更看精气神。辽宁队就有这种让人喜欢的精气神。"的确，篮球场上要靠实力说话，精神不是万能的，但没有这股精神，却是万万不能的。

CBA职业化初期辽宁男篮"三剑客"之一、现球队助理教练吴乃群说道："老辽宁队的精神是敢打敢拼，作风顽强。现在的辽宁队继承了光荣传统，不辱使命，永不言败，这就是对篮球运动的真情诠释、对家乡人民最好的回报。"

杨鸣口中的"光"和"灯塔"，其实就是"辽篮精神"的具象化表述。在辽宁省委省政府向辽宁男篮夺冠所致贺电中，有这样一句话振奋人心：这份荣耀的背后，浸润着汗水与付出，凝聚着拼搏与奋斗，一场场激情澎湃的比赛，一次次韧性十足的逆转，展现出辽宁男篮健儿们永不言弃、坚韧不拔的钢铁意志，追求卓越、勇于争胜的进取精神，众志成城、协作攻坚的团队意识，热爱辽宁、奉献家乡的深

厚情怀。

"团结协作、顽强拼搏、永不言弃、砥砺前行",这是辽宁省体育局对"辽篮精神"的高度凝练。而关于"辽篮精神",其实每个人都有自己的理解。

杨鸣说:"我觉得辽宁队受到全国很多球迷的喜爱,一方面是因为我们的成绩不错;另一方面就是辽宁队的比赛作风非常顽强,尤其是在落后的时候,从来没有轻言放弃,球队打法的观赏性比较强。其实,辽宁男篮的特点在很大程度也是大多数辽宁体育人所共同拥有的,那就是不畏强手,顽强拼搏,迎难而上,勇攀高峰。"

"怀揣梦想,永不言弃,勇往直前,这就是辽宁男篮。团结协作,不屈不挠,顽强拼搏,这就是辽宁男篮精神。"梁佳烁说出了他心目中的"辽篮精神""辽宁精神"。

球迷老李的感觉更加直观:"辽篮有一种向上的精神,不服输的精神,无论何时都是团结奋进,让球迷深爱。这帮小伙子落后时不气馁,战斗到最后一分钟。在他们身上,我们看到了一种精神传承。"

同为资深球迷的胡哥则是这么说的:

"作为一名辽篮球迷，我很幸运看见了几代辽篮球员的付出与努力，又共同见证了辽篮登顶总冠军。这么多年，不论失败还是成功，这帮小伙子都在刻苦地训练，在赛场上努力拼搏。辽篮这种百折不挠、永不服输的精神，值得我们去欣赏和赞扬。"

红姐则这样阐述辽篮精神："我们经历过低谷，攀上过高峰，无论身处何种境地，辽篮迸发出的拼搏精神让人动容，也一直鼓舞着我们大家前行。无论成败，与辽同在。"

5月22日21点47分，辽篮三连冠伟业铸成时刻，辽宁广播电视台体育休闲频道记者董钰用摄像机记录下了杨鸣被全体球员抛向空中的喜悦，拍下了李晓旭眼含热泪大步走向更衣室的瞬间，直播了与全国辽宁球迷一块分享"香槟雨"的盛况……

"当杨鸣指导把本属于他的总冠军帽子戴在我的头上，我才从对面的镜子中看到帽子上印着'辽篮王朝'四个金色大字。"董钰回忆当时的情景，依然心潮澎湃。当5月23日凌晨4点半董钰结束剪辑工作后，"辽宁王朝"的很多碎片逐一闪现在眼前。当他拿起那顶帽子，再次认真地审视起"辽篮王朝"四个金色大字的时候，重新品味了胜利是用汗水一点一滴浇筑的"辽篮精神"。

"辽宁王朝"的孕育至少要追述到十年前的2014—2015赛季。哈德森的加盟以及第四节单外援的政策，辽宁男篮当赛季常规赛豪取17连胜让人血脉偾张，尽管最终总决赛兵败京城，但已经让人们感受到总冠军奖杯的气息。"2015—2016赛季饮恨四川，场内、场外，该经历的、不该经历的，都经历了。但大家对冠军的信念从未动摇，追求冠军的脚步从未停歇。"董钰说。

直到2017—2018赛季，半决赛客场淘汰广东男篮，易建联在赛后叫住郭艾伦，一句："别再丢了。"成为辽粤对决史上的温馨时刻。在接下来的总决赛中，辽宁男篮在"哈神"的率领下，以4∶0横扫浙江广厦，队史上第一次夺得CBA总冠军，圆梦4300万辽宁人民。

董钰回忆，在那年总冠军颁奖仪式结束后的新闻发布会上，前辽篮队员卫猛

资深体育记者董钰（中）现场采访杨鸣

喊出："希望我们以后越来越好，争取创建我们辽宁的王朝。""辽宁王朝"也从那一天起正式叫响。接下来的故事大家都知道了，"永远不要低估那颗总冠军的心""别问辽篮行不行，四冠都是四比零"……董钰表示，未来他将继续奋战在CBA新闻报道的第一线，用手中的摄像机、手机持续记录辽篮的日常点滴和经典时刻，用"脚力、眼力、脑力和笔力"报道好辽宁男篮所代表的"辽宁精神"。

对于"辽篮精神"，我自问也有一点发言权。2013年1月，我成为辽宁男篮的跟队记者，至今已十年有余。我的记者生涯，与辽宁男篮从低谷走向辉煌的历程同频共振。这十多年间，辽宁队的所有经典时刻，我几乎都是亲历者。如果你们问我，

董钰与老搭档张旭（左）在现场

跟队十余年，这支球队最吸引我的是什么。那我想说，是他们独特的气质，是他们传奇的经历，是他们历经磨难心不改，咬定青山不放松的劲头。而这一切，都是构成"辽篮精神"的要素。

勇于拼搏，敢于胜利，是"辽篮精神"的内核。

跟队十余年，我的笔下和镜头里，记录下了杨鸣的殚精竭虑，韩德君的情义无双，李晓旭的坚韧不拔，郭艾伦的勇敢执着，赵继伟的倾尽全力，张镇麟的不屈不挠，付豪的厚积薄发……

在球迷心中，他们是英雄；在青少年心中，他们是偶像。可在我眼里，他们是我的朋友，是我的家乡人，他们就像我认识的无数辽宁人一样，坚持里透着质朴，愈挫愈勇、充满干劲。这就是辽宁人的性格，是辽宁人特有的志气、骨气、底气。

这些辽篮球员之所以拥有众多拥趸，并不只是因为高超的球技，而是在他们身上存在一股永远昂扬向上的劲头。这股劲头，其实在辽宁体育的传承历史上是一脉相承的。2021年第十四届全运会U19男篮预赛附加赛决战，辽宁U19男篮中锋孙巍在眼睑被撞开长达两厘米的伤口依然抢下制胜篮板，赛后他说："晋级后，我想到的

是'辽篮精神'，永不言弃，一拼到底。"

辽宁队国内球员在赛场上的这股劲头，甚至会感染到外援。2021—2022总决赛第三场，郭艾伦带伤打了42分59秒，在比赛中有一个"饿虎扑食"般拼抢地板球完成抢断，并助攻莫兰德得分的经典镜头。接下来的一个回合，莫兰德在篮下与对手拼抢篮板被撞倒后，冒着被踩到的危险，不顾一切地把球抱在怀里……

团结一致，战斗不息，是"辽篮精神"的外化。

"兄弟齐心，其利断金。"这是谁都知道的道理，但在商业气息浓重的职业联赛，能做到这一点的球队并不多。如今的CBA，辽宁男篮是少有的"子弟兵"性质的球队。很多队员在接受采访时都流露出为在辽宁队打球而感到骄傲，这是他们的心声。某种程度上来说，辽宁男篮的队员彼此之间是队友，但更是兄弟。

面对困难，没有互相埋怨，只有同心同德，这是辽宁男篮在CBA屹立不倒的根本原因。

看辽宁男篮的比赛，不难发现这支球队始终有一股不服输的劲头。"不抛弃、不放弃"是他们特有的气质，伤兵满营不放弃，比赛中落后十几、二十几分也不放弃，永远会战斗到最后一刻。球队散发出的这种特质，就是辽宁男篮这支球队精神品质的具体体现，人们没有理由不对这样一支球队充满敬意。为什么辽宁男篮是目前CBA支持者最多的一支球队？为什么在联盟的20个主场，都能听到为辽篮加油的声音？为什么只有辽宁男篮能享受到这样的待遇？这才是根本原因。

永不言败，愈挫愈勇，是"辽篮精神"的精髓。

辽宁男篮在2018年夺得第一次总冠军之前，外界把"千年老二"这一充满恶意的帽子死死地扣在他们头上；在辽篮连续折戟总决赛之后，又有人讥讽他们为"八亚王"……平心而论，竞技体育中，亚军并不能称为最失败的人。但是，八次在面对面的系列赛较量中输给对手，这是怎样一种痛苦的领悟？

然而，辽宁队最难能可贵的地方就在这里。一次又一次地跌倒在同一个地方，

2024 年 5 月 23 日，获得 CBA 总冠军的辽宁男篮回沈，球迷在机场迎接冠军回家

2024 年 5 月 23 日，获得 2023—2024 赛季 CBA 总冠军的辽宁男篮抵达沈阳桃仙国际机场，球迷在机场迎接冠军回家

他们没有被吓倒，被击垮，被摧毁，而是一次次重新爬起来，拍掉身上的泥土，重新斗志昂扬地投入战斗。他们或许不是整个CBA最成功的一支球队，但绝对是最励志的一支球队。就如人们最爱挂在嘴边的那句话说的一样：那些打不倒你的，终将使你更强大。

其实，在"辽篮精神"越来越得到认可的今天，辽宁男篮已经超越了体育的范畴，成为辽宁人的一种精神寄托。老帅蒋兴权在接受采访时所言："辽宁篮球顽强拼搏、战胜困难的实践证明辽宁人行，只要把这种劲头用在工作中，辽宁各行各业都能行。'辽篮精神'必将激励振兴发展中的辽宁砥砺前行。"

今天的辽宁，正全力实施全面振兴新突破三年行动。辽宁男篮就如同"光"和"灯塔"，让身处全国各地的辽宁人充满了对家乡的自豪感、归属感，也增加了外界对辽宁全面振兴的认同感、参与感。辽宁男篮的胜利进一步提振了全省实施全面振兴新突破三年行动、打好打赢攻坚之年攻坚之战的信心决心，进一步激发了全省上下勇往直前、团结奋斗的昂扬斗志，为推动新时代辽宁全面振兴注入了精神力量。就像那句人们在辽宁体育馆听过无数次也喊了无数次的口号：辽篮一定赢，辽宁一定行！

热烈祝贺辽篮将士勇夺CBA三

第三章 杨鸣把N种不可能变成可能

2024年5月22日晚，乌鲁木齐。CBA总决赛第四场末节，杨鸣因为连续两次技术犯规被罚出场。在那个危急时刻，杨鸣展现出一名成熟教练的冷静、果断和智慧。

被罚出场前，他将球队聚集在一起，特别将外援弗格拉到身边，高声喊道："你们要集中注意力，不要被外界干扰。"他特别强调了弗格和赵继伟在比赛中受到裁判判罚影响的情绪问题，要求他们重新专注于比赛。事实证明，杨鸣的指示起到了关键作用，弗格在接下来的比赛中砍下9分，成为球队获胜的功臣。

"我们就要在这赢！"杨鸣清楚地知道球队在关键时刻需要的是什么，及时的鼓励和明确的指示，让球队在最紧张的时刻保持了冷静和专注。杨鸣的这种领导力，是辽宁队能够屡屡在困境中逆转战局，把N种不可能变成可能的关键之所在。

1.从 "杨队" 到 "杨导"

2023年5月13日，当辽宁男篮与浙江队的终场比分锁定为94：68，大比分3：0领先，距离卫冕总冠军只有一步之遥。杨鸣和每一个向他表示祝贺的人道谢，然后一个人坐回了原位，安静地注视着远方。激昂的音乐，热烈的欢呼，似乎现场的一

切喧闹都与他无关。他的目光越过人群，掠过记分牌，最终停留在体育馆上方悬挂的两面总冠军旗帜上。那一刻，杨鸣目光中的内容变得复杂起来。相信他心里非常清楚，这里又将升起第三面CBA总冠军旗帜。

杨鸣上一次这样注视辽宁体育馆上空，还是在2019年11月4日，在当赛季的第一个主场，辽宁男篮俱乐部为杨鸣举办了球衣退役仪式，这是俱乐部历史上的第一次。

时任辽篮俱乐部总经理李洪庆在致辞中满怀深情地说道："杨鸣有一个完美的球员生涯，我和杨鸣相识15年，是一个见证者。从2004年我作为记者采访辽篮开始，他给我的印象就是一个帅气的男孩儿。15年后，他已经成了一个成熟稳重、干练的男人。忠诚与担当是杨鸣身上大家能看到的珍贵品质，有人问过我，为什么选择杨鸣作为辽宁第一个退役球衣的球员？生涯十五载，全运会和联赛双冠，前面的所有就是我对于这个问题的回答。"

时任辽宁男篮主教练的郭士强是这样说的："20多年与杨鸣在一起征战，今天杨鸣选择退役，我认为没有遗憾。他带领这群小兄弟在退役之前夺冠，非常圆满。作为辽宁男篮历史上第一个退役球衣的队员，杨鸣完全配得上这份荣誉。无论球队低谷还是巅峰，杨鸣一直都在，为了培养年轻队员牺牲了自己上场时间，从没有离开过。最后希望杨鸣一切顺利，为辽宁队和中国篮球作出更大贡献。"

当红布揭开的一刹那，杨鸣的12号球衣成为辽宁男篮第一件退役球衣就此封存。镜头给到当时34岁的杨鸣，他眼角有晶莹的泪光闪过。

在短暂出任球队助理教练之后，杨鸣很快就被任命为辽宁男篮俱乐部副总经理，主要负责宣传和青训。在外界看来，杨鸣颜值"能打"，更兼在圈内人缘颇佳，这样的身份对他来说再合适不过。

在刚刚上任时，杨鸣表示，辽宁男篮近些年在后备力量储备方面有所欠缺，俱乐部的当务之急，是要和基层培训机构大力合作，对于未来的工作，杨鸣是这样设想的："辽篮的青训还需要更多的投入和关心。接下来辽篮会出台一系列措施，其中包括和基层青训机构、训练营进行合作，扩大青训影响力，做好普及和选材工

作。这些举措将有助于辽宁篮球搞好青训，做好人才储备，这是辽宁男篮长期稳定发展的根本。"

　　如果按照正常轨迹发展，杨鸣或许会在很长时间内扎根青训，为辽篮培养后备人才，甚至成为恩师蒋兴权那样的"青训教父"。但在2020年7月，辽宁男篮在CBA复赛后4战3败，主教练郭士强离职，球队陷入动荡。这个时候，如果没有一个能稳定大局的人站出来，后果实难设想。俱乐部决定，由外教马丁内斯暂时接手帅位，而杨鸣出任教练组组长，行使主教练权利。

　　对于辽篮而言，杨鸣是最佳救急人选。自2004年进入一队以来，杨鸣职业生涯十五载全部奉献给了辽篮，是商业年代里职业联赛中罕见的"一人一城"典范；他有着与队内主力球员多年并肩作战的兄弟情，以队长身份，和队友一起摘得了辽宁篮球历史上第一枚成年组全运会金牌，捧起了职业化以来辽宁男篮第一座CBA总冠军奖杯。如果说让别人坐在这个位置上，外界或许多少会有一些非议的话，此时此刻，由杨鸣来扮演"救火队员"，再适合不过。

　　但对于杨鸣来说，在这个时刻接手球队，于他个人而言却意味着巨大的风险。

一方面，复赛后的辽篮面临的是阵容不整、士气低迷的窘境，彼时辽篮的帅位，无疑是一块烫手的山芋。另一方面，无论杨鸣个人的职业规划还是俱乐部对他的培养方向，主教练都并非第一选择，他是在缺乏助理教练或者青年队教练履历的情况下被"破格提拔"的。

杨鸣到底行不行？相信大多数人心里要打上一个问号。但是，这就像"薛定谔的猫"，到底行不行，得干了才知道。短短15个月，杨鸣的身份经历了"杨队""杨导""杨总""杨导"一系列戏剧性的变化，开启了充满未知的职业生涯"下半场"。

2.三请蒋兴权

帅气的外表，飘逸的球风，这是球员时代杨鸣留给大众的美好印象。

在很多篮坛名宿、资深体育人士，包括朋友们的眼中，聪明是他的一个标签。

　　23年轮回，这次是杨鸣再次请出篮坛泰斗，已经80岁的蒋兴权。老蒋透露，早在他当浙江队顾问时，杨鸣就想请他回辽宁队。"当时因为都在青岛比赛，大家住一个酒店，他来我房间。我当时没同意，我之前说过浙江队是带的最后一支球队。毕竟这个年纪，也不适合在一线队工作了。"一次婉拒并未让杨鸣打退堂鼓，他在休战期到蒋兴权指导家里又深谈了两次。精诚所至，老蒋最后终于答应了。"一个是家乡球队，非常有感情；另外一个，杨鸣执教经验确实差点，连青年队都没带过，的确需要帮一下。"

这是蒋兴权时隔15年后再次回归辽宁队。无论带中国男篮，还是带地方队，50年教练生涯，蒋兴权最强调基本功和训练，另外就是非常善于使用年轻队员。杨鸣就是最明显的例子，2004年，19岁的杨鸣就被蒋兴权提上一队，横空出世的杨鸣出道即巅峰。

师徒二人再次聚首，达成共识，第一个改变也是提拔新人。杨鸣表示，和蒋导交流后，辽宁队换血势在必行。"辽宁队的平均年龄是CBA最大的，人员严重老化，如果再不更新换代，那未来几年，我们就会完全落伍，让人家追着打。"

看看当年换血后的阵容：从山东交流过来的中锋朱荣振21岁，旅美归来天赋异禀的前锋张镇麟21岁，从青年队升上来的前锋吴昌泽20岁，还有20出头的刘雁宇、王化东、鄢手骐等小将，再有郭艾伦、韩德君、赵继伟、梅奥、刘志轩等核心球员。真正的以老带新。

3.刻骨铭心的失利

2019—2020赛季，辽宁男篮在十分困难的情况下打进CBA总决赛，并且与广东队鏖战到决胜场，对于从未有过执教经历的杨鸣来说，这个起点不可谓不高。不过，在那个赛季，杨鸣只能"坐着"指挥。直到2020—2021赛季，杨鸣才具备了"站着"指挥的资格。因此，2020年10月19日辽宁男篮与天津队的比赛，才是杨鸣真正意义上的教练"处子秀"。

那个赛季CBA以赛会制形式在浙江诸暨闭环进行，能够进入赛场报道的记者数量有限。杨鸣上演执教辽篮首秀的时候，我是现场唯一一名辽宁纸媒记者。由于对手实力有限，比赛内容乏善可陈。但在新闻发布会上，首次亮相的杨鸣还是有两处细节给我留下了比较深的印象。

一是他在到场坐定之后拿起桌上的矿泉水，一仰脖，"咚咚咚"连干半瓶，然后深深地吐了口气，他或许是用这种方式来平复自己的心情。第二就是杨鸣在衬衫

之外，套了一件很合体的马甲，这是当时CBA主教练不太常见的装扮。以至于当几场比赛后，杨鸣没有穿那件马甲出席新闻发布会的时候，我还忍不住问了杨鸣。杨鸣当时稍微愣了一下，然后用尴尬而不失礼貌的微笑回答我说："有点热。"

现在想想，这其实也代表了外界对杨鸣关注的倾向。相比在球场上的运筹帷幄，人们似乎对跳出比赛之外的东西更感兴趣。比如在辽宁男篮面对山东队时，丛明晨在空位得球后没有出手，犹豫之下出现了失误。场边的杨鸣暴跳如雷，一边往回走，一边指着丛明晨的方向，口中念念有词。在空场和原声转播的双重叠加之下，杨鸣的那句"瞅你那×胆"格外清晰地送到了每一个人的耳中，马上喜提热搜。几天之后，在CBA公司组织的官方采访中，杨鸣还主动谈起了这件事："我跟

丛明晨说，我打球的时候没上过热搜，结果现在当教练了，骂你骂上热搜了。"

其实，在打球的时候，杨鸣更像是一个"安静的美男子"。但在身份转变之后，人们发现，他的性格似乎也变了，在场边指挥的杨鸣显得激情四射，肢体动作极其丰富，这让他很快也受到了裁判的"特别关注"。

在与青岛队的比赛中，因为对一次判罚不满，杨鸣"噌"的一下从教练席上站了起来，冲到场边，还没来得及说话，当值裁判胡吉赶过来对杨鸣示意："警告一次。"杨鸣一瞬间有点没反应过来："为什么警告我？"胡吉也很坚决："就刚才那种情况，你不能站起来，站起来就警告。"杨鸣瞪大了眼睛："我是教练我为什么不能站起来？"事后，以此为题材的短视频在社交平台上迅速传播，杨鸣又被动地"火"了一把。

那个赛季半决赛对阵浙江队，即便辽篮一开始就领先，但半场比赛过后，杨鸣的衬衫湿透了大半，西装领带也早在第一节就不见踪影。赛后，名为"杨鸣衬衫湿透"的话题冲上热搜，一个晚上就达到了9217万的阅读量。

多网友戏言：杨导在儒帅的路上越走越远。杨鸣也正面回应过临场指挥为何如此暴烈的问题："我其实一直想做个儒雅的教练，但现在看，我未来很可能也是名暴躁的教练。"

其实熟悉他的人都知道，他在场上场下反差巨大。在场上更多的是恨铁不成钢

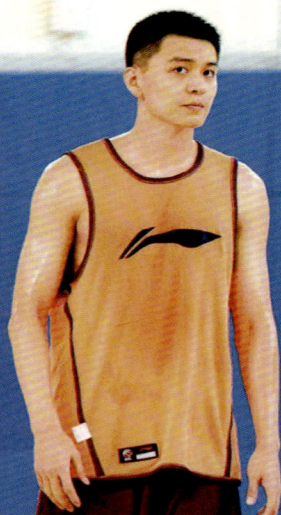

的感觉，而比赛结束了，主要是总结比赛，看录像，找队员沟通、谈心，找不足，甚至更多时候是以老大哥的身份开开玩笑。在训练和生活中，杨鸣和球员更多的是兄弟情，像家人一样。而他的霸气主要体现在比赛中，就像蒋兴权所说：谁都不能怕，不管啥时候，都要有股争胜的劲儿。

其实，无论"瞅你那×胆"还是"我是教练我为什么不能站起来"，抑或被汗水浸透的衬衫，反映出的都是杨鸣在角色迅速切换中的自我调整。一方面，作为"菜鸟教练"，杨鸣还略显稚嫩，他需要时间适应自己的身份，来应对各种情况；另一方面，相对于大多数体育项目，篮球对主教练的要求非常严苛，需要在电光火石间马上作出抉择，晚一个回合调整都有可能铸成大错，因此篮球教练都承受着巨大的压力。某种程度上，初出茅庐的"杨导"也是在用这种方式为自己解压。

前面说到的这两方面因素，在当赛季总决赛与广东队决胜场的时候，集中地爆发了。

回顾那场比赛，很多人都对杨鸣在加时赛开局没有及时换上韩德君，导致被广东队连续抢到前场篮板二次进攻得分而颇有微词。实际上，当广东队第二次抢到前场篮板得分之后，杨鸣已经将韩德君叫到场边，只是在没有形成死球的情况下，辽宁男篮想要换人只能通过叫暂停实现。或许是想把这个暂停留到更加关键的时刻，杨鸣没有申请暂停。篮球场上局势变幻莫测，广东队很快又打成两次进攻，辽篮落后8分。此时辽篮才通过暂停换上韩德君，但这个调整明显已经太迟了。

事后谈起这段噩梦般的回忆，杨鸣说："竞技体育的残酷就是这样，实际上把大君换下来是怕挡拆，广东一直在针对他。我想换个小个阵容解决挡拆，但是在篮板上却出现问题。广东那4个前场篮板球要了命了。这东西也是一种赌的成分在，很遗憾赌错了。"

实事求是地讲，即使杨鸣早叫了这个暂停，换上韩德君，辽宁男篮也不一定能够击败对手拿到总冠军。但竞技体育是非常残酷的，主教练是输球的第一责任人，就像杨鸣自己说的那样："辽宁队主教练这个位置，不是因为你是菜鸟或者经历

多年来，辽宁男篮积极投身公益活动

广东队引领CBA双小外的潮流，辽宁男篮也一度采用了弗格和梅奥的双小外配置。可事实证明，辽宁队的内线不够"厚"，付豪受制于身高和弹跳，张镇麟是典型的锋线球员，而通过租借形式从山东队引进的朱荣振又身材单薄且球风偏软，始终达不到外界对他的预期。内线的担子都压在韩德君和李晓旭这两位"伤痕累累"的老将身上，这样的风险对球队是不可承受之重。因此，引进泰勒虽然不成功，但这个大方向没有错。正是在这样的背景下，辽宁男篮迎来了前山西队的大外援莫兰德。

然而，这次引援有一个不算成功的开头，自常规赛第二阶段代表辽篮出战以来，莫兰德迟迟没有找到比赛感觉。在进攻端，莫兰德接球之后往往只是象征性地做一个假动作，然后就把球分出去，存在感非常低。他的场均得分数据从在山西队的14.3分锐减至不到7分，被很多球迷贴上了"水货"的标签。以杨鸣为首的教练组，也因此陷入了巨大的舆论压力中。

莫兰德的问题，更多的是出在心理上，于是，杨鸣开始想办法打开他的"心结"。刚加盟辽篮，莫兰德显得有些沉默寡言，不太愿意与教练组交流。对此，杨鸣的原则就是"主动热情，用我的真心，换来你的笑容"。那一年12月，杨鸣自费请莫兰德和弗格吃了西餐，还在微博上调侃："启程前以提前庆祝圣诞的名义犒劳下外国友人莫兰德，下一阶段加油。弗格，跟铁锅炖比这个应该更好吧。"

生活中的关心只是一方面，从2021—2022赛季常规赛收官阶段开始，杨鸣改变了对莫兰德的使用策略，在进攻端给予他一定的出手权。此举成功"激活"了莫兰德，在进攻端打得开心的情况下，莫兰德在防守端的表现也越发出色，逐渐显示出防守"大闸"的本色。

解决了心理问题，莫兰德彻底融入了辽篮这个大家庭，他和杨鸣之间的互动也成为场外一道风景。当赛季在与广东队的半决赛中，被换下场的莫兰德化身"气氛组组长"，眼见队友打出一个好球，莫兰德看嗨了，把手中挥舞的毛巾抽向了杨鸣的后腰。杨鸣忽然挨了一下，当时有点懵：我是主教练，还有人敢抽我？等他捂着腰回头看的时候，"凶手"莫兰德早就坐下了，像没事儿人一样。可以说，在场上

"偷袭"主教练还能全身而退，莫兰德在辽篮是独一份了。

等到总决赛期间，莫兰德又开始新一轮"作妖"，把头像换成了一张杨鸣的搞笑图片。有记者在训练场问莫兰德："你那头像是怎么回事？"莫兰德赶紧做了一个噤声的手势，从背后指了指杨鸣："他看到了吗？你没告诉他？""没有。"听闻此言的莫兰德如释重负："大哥，求求你，千万别告诉他，否则后果就是，让我滚。"但"要想人不知，除非己莫为"，杨鸣还是知道了这件事，咬着后槽牙说："这小子，是该好好和他聊聊关于头像的问题。"

这当然只是调侃，对于莫兰德这种被球迷戏称为"在作死边缘疯狂试探"的行为，杨鸣是这么看的："我们这个团队感染力比较强，包容力也比较强，社交媒体是心情的一个展示，在这个团队中他感到了爱和尊重。"

能用"爱和尊重"来融化莫兰德心中的坚冰，其实不是一件容易的事。要知道，在NBA期间，莫兰德可不是善茬，曾有"三拳打退霍华德"的时刻，也曾交过比自己大16岁的女友。即便是在山西队效力期间，也与教练组龃龉不断。能让这样一个"刺头"化身"活宝"，杨鸣的执教艺术可见一斑。

但辽篮队内不是只有一个莫兰德，在别的球员身上，也能看出杨鸣在实战中不断成熟的一面。所谓兵无常势，水无常形，能因敌变化而取胜者，谓之神。

进入季后赛以来，由于辽宁男篮在防守端较为依赖莫兰德，弗格的出场时间受到限制。此时杨鸣对弗格的使用很有艺术，往往拿出一节时间以他作为主攻。由于辽宁男篮能够扮演主攻手的球员不止一人，这让对方在防守中顾此失彼。半决赛面对广东队时，弗格就曾有过单节爆发的表现。难能可贵的是，弗格在进攻端效率很高，且没有占用过多球权。与浙江广厦队的总决赛第二场，弗格17投10中，其中三分线外7投3中，相当高效。

到了总决赛第三场，广厦队再度变阵，用轮换阵容打了辽篮一个措手不及。面对新问题，杨鸣选择用老办法解决。广厦队的内线替补虽然在进攻端表现出活力，但个人防守能力是软肋。于是，杨鸣增加了郭艾伦和韩德君同时在场上的时间，他们默契的配合让广厦队的内线防守千疮百孔，几次挡拆之后，韩德君在篮下面对的都是孙铭徽，这样的局面让对手无计可施，刚刚燃起的翻盘希望很快被浇灭。

从2021—2022整个赛季来看，杨鸣是一个非常合格的"战略家"。怎样看待常规赛和季后赛？如何平衡二者的关系？这非常考验教练的执教艺术。2018—2019赛季，辽篮在常规赛取得了刷新队史纪录的25连胜，却在临近季后赛的时候伤了韩德君，教训不可谓不沉痛。

作为一支志在夺取总冠军的球队，常规赛对辽篮而言，其实就是一个排位赛。想明白这一点，就不难理解辽篮在常规赛一些场次作出的选择。回望夺取三连冠的全部常规赛中，辽篮没有过分追求成绩，而是利用常规赛让球员调整状态，为季后赛蓄力。而且，辽篮为了尽可能地保护主力球员不受伤病侵袭，常规赛某些场次牺牲成绩也在所不惜。比如有些场次，辽篮一口气轮休了郭艾伦、韩德君、张镇麟、李晓旭4名主力，战略放弃的意图非常明显，这在以往的辽篮比赛中是无法想象的。

2021—2022赛季常规赛第三阶段，沈阳成为赛区之一，辽篮时隔770天重回辽宁体育馆主场，却遭遇开局两连败，杨鸣身上承担着巨大的压力。接下来面对强敌浙江稠州队，郭艾伦已经基本具备了复出的条件，但杨鸣并没有冒险让郭艾伦复出，虽然这让球队咽下了三连败的苦果，外界甚至传来"杨鸣下课"的声音，但得到充分休息的郭艾伦在季后赛首场就打出"40+10"的数据，足以证明教练组作出了正确的选择。回过头来看，对比广东、浙江广厦等球队在季后赛遭遇的伤病潮，能以"齐装满员"状态进入季后赛，辽篮在个别场次采取选择性放弃的策略是值得的。

所以说，经过两个赛季总决赛的历练后，2021—2022赛季的辽篮更加成熟。这不仅体现在球员身上，也体现在主帅杨鸣身上。正如辽篮名宿岳鹏飞在总决赛期间点评的那样："在执教的第二个赛季，杨鸣在技战术布置和临场指挥方面的成熟值得称道。以前的辽宁男篮，能力有，但有时显得毛躁。而现在的辽宁男篮明显是一支成熟的强队，即便比分落后也不会失去耐心，这就是成熟。辽宁男篮在整个季后赛表现出强大的执行力，令人欣慰。辽宁男篮的主力球员，包括张镇麟、付豪这样的年轻球员，在CBA很多球队都可以作为核心，但大家都为了一个目标——总冠军而努力，场上没有任何消极情绪，都在认真执行教练组的布置。"

2022年4月26日的南昌，在100：82击败广厦队之后，杨鸣以主教练身份捧起了辽篮队史第二座CBA冠军宝鼎。"冠军献给辽宁，献给辽宁球迷。从整个赛季的走势、球员的表现、状态的调整来讲，我坚信我们是做得最好的球队。令人欣喜的是，整个赛季所有队员都在进步，这源于他们刻苦的训练、对伤病的克服、对球队的奉献。所以我要向队员们致敬，祝贺他们获得冠军。"杨鸣以胜利者的姿态发表了感言，从此以后，他也跻身CBA"冠军主帅"行列。

5.最坎坷的过程，最完美的结果

　　创业难，守业更难。

　　杨鸣很早就知道这个道理，但他应该不会想到，2022—2023赛季，轮到他自己"守"的时候，会难到这种程度。

　　首先是外援方面的不顺利，莫兰德在休赛期意外骨折，后期恢复并不理想，无法及时归队，甚至都没法给出一个相对明确的时间节点。辽宁队虽然联系了曾效力于山东队的桑普森作为第三外援，但办理入境仍需时日，在第一阶段阵中只有弗格一名外援。

尽管辽篮在2021—2022赛季第一阶段也只有单外援，对此并不陌生，但在篮球评论员、前辽篮球员刘欣然看来，现在的情况与一年前不可同日而语。"2021—2022赛季，很多球队引进外援并不顺利，所以第一阶段当辽篮是单外援时，大多数球队是全华班；等到第二阶段辽篮凑齐双外援时，很多球队是单外援，在外援这一块我们一直是有优势的。但2022—2023赛季联赛大多数球队外援早早到位，所以虽然理论上辽篮是三外援，但在外援这个环节充满了挑战。"

国内球员这一块，辽宁男篮也面临严峻的考验。在第一次夺得CBA总冠军的那个夏天，辽篮多名主力入选国家队，客观上给球队新赛季备战带来了巨大影响。在第二次夺得总冠军之后，辽篮面临着相似的处境。在赛季开始之前，刘欣然就一针见血地指出："这个夏天，辽篮有三名队员随国家队征战，尤其郭艾伦和赵继伟一直在比赛，几乎没有休息，非常疲劳。另外，张镇麟前往美国特训，最近才归国与辽篮完成签约。这几名球员都是辽篮非常重要的主力，但一个夏天都没在一块练，

时任辽宁沈阳三生飞豹篮球俱乐部总经理李洪庆（右）与杨鸣共同庆祝胜利

辽篮助理教练吴乃群

更没有打过热身赛。在距离揭幕战还有不到半个月的情况下，能与球队磨合到什么程度，多少还是有些让人担心的。"

刘欣然话只说了一半，其实更让人担心的是伤病隐患。可辽宁队仿佛遇到了"墨菲定律"，怕什么来什么，就在当赛季即将揭幕的当口，张镇麟训练中意外扭伤了脚踝。第四轮，年轻的替补中锋刘雁宇在防守时不慎摔倒，头重重地砸在了地板上，出现了脑震荡的迹象，队长韩德君抱着急救箱心急火燎地冲进场地，留下了一个极具冲击力的镜头。接下来，韩德君自己也上了伤病名单，第五轮面对山西队时，辽篮比赛名单中已经没有一名纯正的五号位球员，球队也连续第二年被山西队打破不败金身。伤病、禁赛、外援无法归队等因素交织在一起，导致球队在第一阶段显得异常让人揪心。

更让杨鸣担心的事还在后面，常规赛第二阶段，当赛季第一回合"辽粤大战"，辽篮不仅输了球，韩德君还出现了手指骨折的伤病，杨鸣只能把打三号位的桑普森顶到五号位。而后辽篮遭遇大面积停赛，与福建队的比赛中，大名单只有7名球员，其中包括两名外援。换句话说，辽篮全场只能由5名国内球员轮转场上的4

外教乌戈曾短暂执教辽篮

个位置。

巧妇难为无米之炊，2022—2023赛季整个第二阶段，杨鸣麾下的辽篮表现得相当挣扎，被北京队逆转，被广东队双杀，与浙江稠州的比赛，辽篮更是吞下了一场42分的惨败，刷新了队史单场净负分纪录……和前两个赛季相比，杨鸣在接受采访时更加谨慎，能不多说就不多说。压力带给杨鸣的改变肉眼可见，眼袋几乎叠出两层，"盛世美颜"出现了下滑，杨鸣也没有心情调侃自己的发际线了。

当赛季第三阶段，CBA恢复主客场，辽篮主场全胜，客场输了四场，最终排在常规赛第三名。尤其是客场大比分输给广州队之后，很多人痛心疾首地表示，辽宁队失去了半决赛的主场优势，为球队的季后赛前景蒙上了阴影。人们这样说，是天然地认为广东队会是辽篮的半决赛对手，而忽略了广厦队在1/4决赛"下克上"的可能性。但事实证明，辽篮在半决赛非但没有失去主场优势，反而把主场优势发挥到了极致——双方打满五场，辽篮主场"抢五"成功晋级。当然，这是后话。

回到与广州队的那场比赛，其实辽宁队未必是主动放弃，但对手赢下比赛的决心很大，半场就建立起巨大的领先优势。这种情况下，如果为了一个虚无缥缈的半决赛主场优势和广州队死拼，最终很有可能还是会输球，至多只是少输几分，面子上好看一点而已。但杨鸣适时鸣金收兵，虽然输得比较难看，但也保证了球员的健康。更何况，把当时状态上佳的广厦队扔到广东队的1/4区，对辽宁队来说未尝不是一个利好结果。

说到底，对于辽篮这样的争冠球队来说，常规赛只是一个"排位赛"，不管排第几名，季后赛才是真正的考验。杨鸣能够一直保持这样的战略眼光，是非常难能可贵的。作为卫冕冠军，辽篮的目标当然只有一个，尤其当最强劲的对手广东队被广厦队挡在四强门槛之外，辽篮"以退为进"的策略收到奇效，成为四强中唯一一个有过夺冠经历的球队，如果没有意外，丰富的经验就会帮助他们成功蝉联总冠军。

不出意外的是，意外又出现了。

　　2022—2023赛季半决赛的第二场，两件小概率事件发生了：一是广厦队几近"疯狂"地投出了38中18的三分球命中率，孙铭徽一个人就15投7中；二是在第二节，郭艾伦拉伤了右腿肌肉。哪怕这两件事只发生一件，辽篮半决赛过关都不会有太大悬念。但当这两件同时发生，辽篮失去的就不只是一场比赛，而有可能是整个赛季。

　　接下来，辽篮面临连续的两个客场。来到杭州，我和球队住在了一个酒店，楼上楼下经常会遇到球员，大家的精神状态，很容易让我想起8年前和四川队的总决赛。同样是前两场1∶1，同样是士气正旺的对手准备在主场终结这个系列赛，"难道这个赛季就这样结束？"我心里升腾起一股不祥的预感。

　　这个时候，或许杨鸣无暇顾及这一点，外界的关注点都在郭艾伦能否复出，而他自己其实也很为难。为了赢球，哪个主教练肯定都不希望队内头号球星缺席，但郭艾伦是双腿肌肉拉伤，这种伤病非常折磨人，需要时间恢复。在完成赛前训练之后，郭艾伦双腿都缠满冰袋，每走一步都很吃力，如果强行复出，不仅对比赛胜负意义不大，甚至有可能危及球员的职业生涯。

77∶87输掉第三场半决赛后，辽宁队已经被逼到了悬崖边上。"失去了最好的球员，哪支球队的球员心态都会有变化。"从第二场比赛结束后，杨鸣脸上就一直是阴云密布。半决赛G4赛前公开训练课，杨鸣始终眉头紧锁，在场边来回踱步。训练结束，到了采访环节，杨鸣把助理教练吴乃群推到记者面前，自己就想躲开镜头。但根据CBA规定，如果主教练不接受采访，不仅要罚款，还要停赛一场。没办法，杨鸣只能回到镜头前，例行公事地说了几句"全力以赴争取打回沈阳"的场面话。这个细节也能看出，杨鸣承受的压力有多大。

2023年5月3日，辽宁男篮迎来了队史最经典的胜利之一，在郭艾伦缺阵的情况下，赢了广厦队20分。比赛结束后，我的手机里收到了几十条微信，还有朋友直接给我发来了截图，我这才发现，在终场前我来到辽篮亲友席后面，准备拍摄辽篮庆祝胜利的视频，转播镜头恰好捕捉到了我在郭艾伦身后拍摄视频的画面，我以这种方式和郭艾伦完成了一次合影。对于跟队超过十年的我来说，这是一个颇具纪念意义的瞬间。

赢球了，所有人的心情都很好，包括杨鸣，他在新闻发布会上说："所有队员都比我想象的要出色，所有人都没有辜负球迷的期望。"总比分只是2∶2，所以杨鸣表现得很克制，但所有人都心知肚明，这个系列赛胜负的天平已经偏转向辽宁男篮一边。

这样，辽篮迎来队史第二次季后赛"抢五"，95∶84击败广厦队。比赛结束后，当其他人还在享受连续第四个赛季晋级总决赛的喜悦，杨鸣却一个人静静坐在教练席上，若有所思。短短几天，他如同经历了过山车，人生的大悲大喜，不过如此。

后面发生的事，大家都知道了，辽宁男篮4∶0击败浙江稠州队，连续第二个赛季在总决赛上演横扫，卫冕成功。后来，杨鸣特意解释了一下夺冠之后为什么会

仰望体育馆上空："我是看球场上那几面旗帜，第一个感觉就是跟我都有关系，不管运动员的冠军还是教练员的冠军，非常自豪。第二个感觉是明年可能又加一面旗帜，我还想把更多的旗帜挂在球馆上空，所以感觉还是比较好，比较美妙。"

夺冠的感觉固然美妙，但那次无疑是杨鸣教练生涯中最艰难的一次夺冠历程之一。因为外界从来只关注结果，作为卫冕冠军，如果不能夺冠，那就是失败。至于球队有多少伤病，场外因素会带来怎样的影响，一切的理由都会显得苍白无力。

所谓"文无第一，武无第二"，竞技体育的残酷性远超常人认知，尤其在篮球项目上，比赛的紧张，外界期望值和舆论压力，都让教练们不得不随时面对巨大的心理和精神挑战。

执教四年，杨鸣养成了一个习惯，喜欢拿着比赛画面去和球员沟通，杨鸣有自己的道理："很简单，如果你没有画面做谈话的依据，他会有反驳。如果你拿画面去和他谈，他们基本上就只有倾听了，中间会省去很多麻烦。"和球员沟通省去的麻烦，自然都压在了杨鸣赛后录像分析的环节。辽宁队的替补席专门有人记录时间节点，一旦球员出现错误，杨鸣就会让人记录下来，方便回去自己研究。每场比赛杨鸣都能找到不同的问题，工作量可想而知。

"坦白来说，教练这个岗位，没人会特别留恋。"杨鸣在2022—2023赛季夺冠之后说的这句话，真的不是在"凡尔赛"。正如杨鸣自己说的那样，如果辽篮没有拿到这个冠军，"无法想象"。

6.三连冠！三连冠！

既得陇，复望蜀。2018年之前，拿到一座总冠军奖杯，打破"千年老二"的宿命，就已经可以让辽宁球迷心满意足。但当杨鸣和他的队员们连续两个赛季夺得总冠军之后，"三连冠"就成为所有人都在津津乐道的话题。

职业联赛中，三连冠的难度不可谓不大。在CBA历史上，此前只有两支球队曾经实现过——八一队和广东队，前者在CBA的前六个赛季实现了至今无人可以超越的六连冠；后者是CBA的"11冠王"，其中包括两次三连冠和一次四连冠。这两支球队，都是CBA联赛史诗级别的"巨无霸"，想要和这两支传奇球队比肩，辽篮真的能做到吗？

不过，由于未能就续约问题和俱乐部达成一致，杨鸣在辽篮冲击三连冠的起步阶段"失陪"了。直到2024年2月8日，辽篮俱乐部官宣，杨鸣重新执掌教鞭，并与球队签约至2026—2027赛季结束。在我看来，这是俱乐部的一次自我修正，毕竟杨鸣是最适合这支辽篮的主教练人选。杨鸣在"冲刺"阶段回归，辽篮冲击三连冠有了更加充足的底气。

　　3月6日，辽宁男篮在常规赛第三阶段的第一场比赛主场迎战吉林队，这本是一场平淡无奇的比赛，但因为是杨鸣回归的首秀，反而成了当天的焦点赛事。在赛前训练结束之后，数十名记者围住杨鸣，让他谈谈回归的感受。杨鸣只是淡淡地说："其实我离开时间不长，而且这么多年和大家在一起并肩作战，这种默契程度无须多言。往往一个眼神、一个举动，大家都明白什么意思。有这种感情基础在，不存在什么磨合问题。"说到这里，杨鸣顿了一下："只是回到辽宁队，有些激动。"

　　在以43胜9负获得2023—2024赛季常规赛冠军之后，辽宁男篮开启了季后赛征程。1/4决赛，面对事实上单外援出战的深圳队，辽宁队兵不血刃地3∶0横扫对手。这非常符合外界的预测，因为所有人都清楚，半决赛才是真正的考验。因为半决赛站在他们面前的，又是老对手广东队。

　　由于周琦禁赛，半决赛首场较量，辽宁男篮波澜不惊地顺利拿下。第二场比赛，当所有人都在关注解禁复出的周琦，辽宁队的重点也放在对付"沃特斯+周琦"这一广东队常规赛期间最强的内外线组合时，广东队主教练杜锋却玩了一招声东击西，周琦只打了半场，而沃特斯干脆在场边悠闲地看完了整场比赛。和此前面对汤普森和汉密尔顿时一样，辽篮这次又栽在了广东队大外援身上。乔丹·贝尔虽然只得到6分，但送出10次助攻，完成6次抢断，以"奇兵"的姿态搅乱了辽宁男篮的攻防体系。

　　以那场比赛而论，杜锋确实压了杨鸣一头。到了半决赛G3，杨鸣临场指挥没有跟上对手的节奏，辽宁队客场82∶98再次失利，无限逼近被淘汰的边缘。"杨鸣在老辣的杜锋面前还是太嫩了""双方教练的差距比双方球员的差距大太多""杨鸣黔驴技穷，永远棋差一着"……网络上充斥着各种各样质疑的声音。杨鸣本人或许无暇注意到这些非常不友好的评论，但不难想象，如果就这样止步半决赛，他将面临怎样的舆论压力。

　　不过，连续两个赛季半决赛面临类似的局面，杨鸣的情绪却没有像一年前那样低沉。在G3的赛后新闻发布会上，杨鸣只是很冷静地分析了这场比赛的败因："问

题主要还是出现在下半场，让广东队找到了他们的比赛节奏和喜欢的比赛方式，给了他们多次大打小、小打大的机会。"语气平缓而又轻松，仿佛说的是别人的比赛。5月8日的半决赛，大多数人都担心这将是辽篮的赛季谢幕演出，但在赛前训练后的例行采访中，杨鸣还有心情开玩笑。在回答完相熟的记者提的一个问题，结束采访之后，杨鸣似笑非笑地看着记者，咂了咂嘴，说："你这个问题……"

我讲这两个细节，只是为了说明，和一年前的半决赛"生死战"赛前比起来，杨鸣显得从容镇定了许多，至少给外界的观感是这样，尽管在他面前的其实是一个更加成熟也更加强大的对手。而这份从容镇定，也被杨鸣传递给了球员。5月8日，站在悬崖边上的辽宁男篮在上半场打了广东队一个27∶2的得分高潮，让两天前满场狂欢的东莞银行篮球中心变成了"图书馆"，把广东队和这个系列赛一起带回了沈阳。

自助者，天助之。辽宁男篮在绝境中完成自救，幸运女神也站到了他们身后。

在G4赛后，周琦旧伤复发，无缘"抢五大战"。当气势和运势都已经向辽篮偏转，"辽粤大战"也就失去了悬念。在5月11日的决战中，辽篮116∶95大胜对手，连续两个赛季半决赛逆转取胜。

作为"CBA春晚"，"辽粤大战"场外的故事同样精彩。G3结束后，杜锋在接受采访时说了这样一番话："我非常羡慕杨鸣指导，辽宁队拥有众多国内优秀球员，最好的后卫，最好的前锋，最好的中锋。"外界普遍认为，杜锋的这番话意在"杀人诛心"。

杨鸣确实是一个情商比较高的人，但不代表他不"记仇"，泥人还有个土性情。于是，G4之后，轮到杨鸣回击了："我很羡慕杜锋指导，他们有着充足的外线轮转，包括拥有周琦这样可以颠覆CBA内线统治级别的球员……其实还有一点让我更羡慕的就是，其实广东是一个政策非常开放、吸引人才特别多的省份，实际上他们底下有大量优秀的人才在涌入。可能此时此刻你采访我的时候，也有教练或者家长带着孩子来到广东去感受这种篮球文化。当然这不是说辽宁青训不努力，我们也有O.J.梅奥这样的探花当青训总监，但是有一些政策我们可能就是不具备，那么这是让我更加羡慕了。"

在G5赛后的主帅握手环节，杨鸣和杜锋二人只是手掌轻轻触碰了一下，便各自转过头去，连眼神都不愿意交流。新闻发布会上，杜锋点评比赛说得很少，他把更多的篇幅用在了周琦的伤病上，还意有所指地说："希望大家能更关爱国内的国家队优秀人才，看录像时看到周琦多次被弄倒、摔倒，我很揪心。看到为国争光的一个战士最后被如此这样对待，我很伤心，也很寒心。"

揪心、伤心、寒心，杜锋用"三心"表达了自己的态度。但在座的记者不免窃窃私语：赵继伟、张镇麟，包括郭艾伦，难道不是"国家队优秀人才""为国争光的战士"吗？

按理说，随后出席新闻发布会的杨鸣是不会第一时间听到杜锋这番话的，但杨鸣的发言仿佛是提前做了预判："我觉得辽宁队特别值得表扬的是从来不在乎困难，不会拿人员短缺去说事儿。竞技体育，这是很正常的。还是那句话，比赛打到这种程度，精神属性和血液里流淌的基因很关键。我们从来不会说这个伤了，那个伤了，我们伤的人很多，但输了就是输了，赢了就是赢了，这就是竞技体育的魅力。"句句没有提杜锋，但句句都是在回应杜锋。

回看杜锋和杨鸣这轮唇枪舌剑，其实都没有超越篮球的范畴，而且给"辽粤大战"这一本就火爆的IP又加了一把作料。非要说的话，杜锋在赢球之后明褒暗贬，有失名帅风度；而杨鸣的回击不卑不亢，有理、有利、有节，堪称"口水战"中教科书级别的见招拆招。

经过"辽粤大战"的洗礼，辽宁男篮连续第5次、队史第12次站到总决赛舞台上。或许是为了视频效果，在总决赛G1的赛前采访结束后，有记者问了杨鸣这样一个不应称为问题的问题："杨导，我们总决赛目标是什么？"杨鸣给了他一个意味深长的眼神，留下一句"你说呢？"。

是啊，哪有进了总决赛的球队是奔着亚军去的呢？更何况，辽篮已经有了8个亚军，"千年老二"的经历，再也不想有了。

2023 年 10 月 15 日，辽宁双喜电器女篮出征 WCBA 仪式暨辽宁益胜雪狼篮球俱乐部与双喜电器合作签约仪式在沈阳新世界博览馆举行。当天，辽宁双喜电器女篮总教练杨鸣首次亮相

相比半决赛，总决赛的过程显得有些平平无奇，而最具话题性的场面，恰恰是杨鸣贡献的。总决赛第四场，杨鸣在第四节连续吃到两个技术犯规，被罚出球场。在离场之前，杨鸣把队员召集起来，进行最后的交代。镜头捕捉到，杨鸣情绪激动地把眼神有些游移的弗格一把拉过来，冲他怒吼了几句。杨鸣当时说了些什么？当时有人猜测说是"给我干！"，有人说是"往死里打！"。但杨鸣离场之后，辽篮非但没有崩盘，反而不断扩大领先优势。弗格更是独得9分，锁定胜局，也锁定了自己的总决赛MVP。

在夺冠之后的更衣室里，恢复了平静的杨鸣是这样说的："我把大家召集在一起，特别是提醒了弗格和赵继伟。因为在这场比赛中，继伟和弗格对于裁判的一些判罚过于纠结，这已经影响到了他们的情绪和专注度。我召集他们的目的，就是要让他们将注意力重新集中在球场上，不要被任何外界因素所干扰。毕竟在第四节，我们处于领先地位。后来我在休息区观看比赛直播时，看到他们确实掌控了攻守两端，非常欣慰。"

这样，辽宁队用又一个4∶0，为2023—2024赛季的传奇故事画上一个圆满的句号。而杨鸣也创造了一个非常另类的纪录：在辽篮的三连冠过程中，他没有当选过哪怕一次最佳教练，却一连三个赛季在总决赛横扫了当选那一年最佳教练率领的球队。

终场哨响起，助理教练乌戈把杨鸣拉到了比赛场地。杨鸣满面笑容，和吴乃群，和乌戈，和每一位球员拥抱。辽篮球员欢呼雀跃，围住杨鸣，又一次将这位少帅抛向天空。南昌、沈阳、乌鲁木齐，三座城市的体育馆，都见证了杨鸣在夺冠之夜的"自由飞翔"。

回到更衣室，付豪、莫兰德和库珀等球员先后打开香槟，杨鸣成为重点"攻击"对象，他的衬衫很快就被打湿。但杨鸣非常开心，把大家召集到一起围成一个圈，说："大家一个赛季很辛苦，别的我不说了，从假期和奖金上找。"

但过了还不到一个星期，杨鸣就"改口"了。在参加一个夺冠后的商业活动

2023-2024 中国男子篮

业联赛·总冠军

时，主持人梁佳烁专门问了这个事，杨鸣说："我有点想不起来了，记得核心就是假期和奖金的问题。假期我能说了算，奖金我说了也不算。那种情况下说了就说了呗，肯定是队员爱听什么就说什么。"给旁边的"玄冥二老"和付豪都逗乐了。

当然，这都是后话。在夺冠当晚，杨鸣说出"从假期和奖金上找"的时候，更衣室爆发出经久不息的欢呼声。杨鸣非常了解他的队员在想什么，而且也知道应该怎样和他们交流。这是他能取得成功的一个重要原因。

7.何谓"高情商"

问题来了，杨鸣是一个什么样的教练？

在2022年率领辽篮夺冠之后，杨鸣在CBA历史上留下了属于自己的印记：他是辽篮第一个、CBA联赛第二个以队员和主教练不同身份都夺得过总冠军的人；他以不到37岁的年纪，成为CBA迄今为止第二年轻的冠军主帅，仅次于王非。但要知道，当年王非带的可是中国篮坛的"巨无霸"八一队。

在完整执教球队的第一年，杨鸣已经在球队战术和用人方面表现出自己的执教特点。接下来的几年，杨鸣进一步按照自己的理念完善球队，辽篮进攻中不合理的单打逐渐减少，取而代之的是精彩的团队配合。在防守端，辽篮的战术纪律性不断提升，以前被人们诟病的"祖传漏底角"基本绝迹。和第一次夺冠时期相比，杨鸣麾下的这支辽篮很少有"第四节惹不起"的疯狂，但其实避免开局"挖坑"，这本就是一支成熟强队应有的表现。

实事求是地讲，杨鸣取得今天这样的成绩，背后的付出是常人难以想象的。短短一年时间，他完成了从"杨队"到"杨总"再到"杨导"的身份转变，而且他是在没有在助理教练岗位历练过的情况下接手了彼时正处于动荡的辽篮，压力不可谓不大。但正如打球时就喜欢动脑子一样，杨鸣在主教练位置上也显示出了过人的才华。难能可贵的是，杨鸣始终保持着谦逊的态度，认定正确的方向从不动摇，在经

2024 年 5 月 22 日，在 2023—2024 赛季 CBA 总决赛第四场比赛中，辽宁男篮客场新疆队，总比分 4：0 夺得赛季总冠军。赛后，莫兰德与杨鸣在更衣室内庆祝

历了连续两个赛季折戟总决赛的打击之后也没有消沉，这些都是冠军主帅的特质。

对于杨鸣，一直有一个评价就是"高情商"。的确，在国内篮球圈，杨鸣的人缘一向很好。近几个赛季，辽篮在赛场和"浙江双雄"杀得昏天黑地，但杨鸣和刘维伟私交甚好，被球迷戏称为"发际线CP"。至于球员时代就熟识的王博，两人见面就免不了互开玩笑，2022—2023半决赛G3赛前训练，辽篮刚结束训练还没走，广厦队已经到了体育馆，王博一把搂住杨鸣："你怎么看上去那么虚呀。"本来表情严肃的杨鸣大笑着说："这不是被你给削的吗。"很难想象，这是正在赛场上性命相搏的对手。

杨鸣一向被外界称赞为智商情商"双在线"，这在他处理更衣室的关系时表现有着很大帮助，在莫兰德身上表现得尤其明显。谁能想到，刚加盟辽篮时一个被视为沉默寡言的"高冷"外援，会在季后赛彻底"放飞自我"，用各种方式和主教练与队友互动，完全融入辽篮这个大家庭？如果说杨鸣不是一个好教练，恐怕莫兰德第一个就会不答应。

在国内球员方面，杨鸣也有自己的管理方式："我经常开玩笑，我们队流量明星、球二代多。甚至很多刚上一线队还没打上轮换的小孩，出门都有一堆粉丝。除了教练员，亲朋好友粉丝团都是天天表扬他们，只有教练组会说一些狠话，顶着压力把他们往回拽。"球场之外，杨鸣需要在人情世故中寻找平衡。私下里，他对这帮队员的称呼是"小老弟"。付豪加盟球队时，杨鸣晒出的是他和付豪的早期合影，"杀马特叔叔欢迎你回家。"就连捂嘴郭艾伦的照片，他都能找到郭士强和杨鸣自己的"cosplay"，并感慨一句"传承"。

而在2022年夏天郭艾伦的转会风波平息后，杨鸣也曾在接受采访时透露出了一些细节："大家共事十几年，相互性格都比较了解，可能互相给个台阶，沟通之后就能解决。艾伦的性格比较直，处理问题相对简单，当你把道理讲清楚，把话说明白，他很快就会转到另一种良好状态。"能有这样一位理解自己的主教练，想必郭艾伦也会感到很欣慰。

杨鸣的高情商还体现在一个细节上，2021—2022赛季CBA总决赛第四场还有46秒结束的时候，杨鸣作出了一个换人决定：韩德君、李晓旭、郭艾伦和赵继伟重新登场。杨鸣示意换人的一瞬间，身边的助教吴乃群一脸诧异。实际上，这个换人和比分无关，却是杨鸣的有心之举。这4名球员加上留在场上的刘志轩，正是2017—2018赛季辽宁男篮夺冠阵容中最重要的5名国内球员。这次换人意味深长，令不少球迷潸然泪下。杨鸣在用这种方式，向辽篮的功勋老将致敬，让他们在场上尽情享受这一历史性时刻所带来的巨大喜悦。

杨鸣这个暖心的举动，与他自身的经历不无关系。2017—2018赛季，辽篮在总决赛4：0横扫广厦队，但杨鸣在四场比赛中没有得到一秒钟的出场时间。尽管事后人们都沉浸在球队首夺CBA总冠军的狂喜之中，但这对杨鸣本人来说，却是一个无法弥补的遗憾。4年之后，杨鸣用自己的方式，向几名老将，也向过去的自己致敬。自己的遗憾，不希望在别人身上重演，这种推己及人的格局，才是真正的高情商。

在和球迷的相处中，杨鸣同样让人感到舒服。"在球队里，跟我们说话最多的就是杨导。我们总跟着球队跑，来来回回的，总能遇见。杨导见到我们，总会嘘寒问暖，一句暖心的话就能让我们感动许久。哪怕赛会制的时候，球队不能跟我们接触，但在赛场上见到，远远的一个眼神交流，他都能让我们感觉到，他的心里一直是有我们这些球迷的。"红姐说。

在李松华眼中，杨鸣非常稳健，言语得体，能够团结队员和教练组成员。为了让辽篮球员在客场也能听到加油声，老李经常会和球队一起飞来飞去，有一次，杨鸣特意走过来，非常诚恳地握着李松华的手对他说："老李大哥，你年龄这么大了，还为我们加油，不容易，球队感谢你！""有了这话，再累再苦也要多喊几声。"老李这样感慨。

老李说，他最难忘的是有一年过生日，杨鸣用抖音发祝福，祝他生日快乐。"看到杨鸣给我发祝福，我很感动，现在说这话的时候心里都特别激动。所以前段时间杨鸣生日，我也发感言，永远爱他。"

对于杨鸣来说，高情商不只是待人接物，更体现在他有一颗感恩的心。2021年第十四届全运会夺冠后的颁奖仪式上，杨鸣和队员把白发苍苍的顾问蒋兴权请上了颁奖台。主办方按照惯例只给12名队员和主教练准备了金牌，这时杨鸣和赵继伟都要把自己的金牌送给81岁的老师，最终杨鸣把自己的金牌挂在了恩师的胸前。"从第二届全运会到第十四届全运会，蒋指导都参加了，这是他第一次站在最高领奖台上。蒋指导为辽宁男篮、中国男篮付出很多，理所应当享受这种荣誉。我还有机会，当然把金牌给蒋导，让他感受一下喜悦，因为他更值得拥有。"别人问起，杨鸣只是轻描淡写地说道。

2021—2022赛季夺冠后，在颁奖典礼上，杨鸣又把第一个举起奖杯的礼遇让给了恩师蒋兴权。人们这才意识到，对于杨鸣来说，这固然是他执教生涯的第一座CBA总冠军奖杯，但对于当时已经82岁的蒋兴权来说，这同样是他拿到的第一个CBA总冠军。杨鸣曾充满深情地表示："我从蒋导身上学到了执着，就是对一件事情的执着，老爷子没有什么别的爱好，可能就是对篮球这事儿非常敬业，非常执着，这么大的年龄一直跟我们南征北战，包括每一堂训练课几乎都不缺席。蒋导对这项运动包括对这支球队所倾注的这种东西，是我一辈子需要学习的。"

在气氛热烈的夺冠时刻还能想到这些细节，不仅说明杨鸣心细如发，更说明他始终有一颗感恩的心。懂得感恩，这才是杨鸣"高情商"的真正内核。

什么是幸福？这个老生常谈的话题，杨鸣在不同阶段作出了不同的回答。

2018年夺冠圆梦时，杨鸣说："职业生涯中始终坚守在辽宁队，我感觉非常幸运和幸福，能跟队拿到全运会和CBA联赛的双料冠军，此生足矣。"

退役后，杨鸣说："人生不同的角色转换都在同一支球队，这一点是我的荣幸。"

如今，带领辽宁队实现三连冠伟业，有人问杨鸣："你觉得什么是幸福？"杨鸣回答："能达到部分人的预期，赢球、拿冠军让大家感到幸福，自己就很幸福。"

8.别人眼中的杨鸣

在媒体看来，杨鸣很喜欢"示弱"，或者叫"攒人品"。2022—2023赛季季后赛，首轮对阵北京首钢队，杨鸣夸道："北京现在实力非常强，反击、三分、团队篮球达到极致。我们虽然排名靠前，但整体实力不如对手。"半决赛对阵广厦队，杨鸣又说："第三阶段阵容齐整时，广厦队是联盟最强的。"等到总决赛开打，杨鸣又"奶"起了浙江稠州："整个人员架构和气势，还有球员能力，他们在四强里是独一档的，无懈可击。"

但比赛真正打起来，却是另一番场景。杨鸣口中"反击、三分达到极致"的北京队，两场比赛平均仅得到85分；"四强独一档""无懈可击"的浙江队，输得一场比一场干脆……

杨鸣为球队付出了多少心血？辽篮主场MC梁佳烁非常有发言权，他告诉我：

"赛会制时，我有时去到杨指导的房间，看到他的桌子上摆满了战术图和各种与篮球相关的资料。大家不难看出，因为经常熬夜看战术，杨鸣指导这三年的眼袋越来越明显，即便如此他也总是把积极向上的一面带给大家，从未有过负能量。这点非常值得学习，我也是发自内心的敬佩。"

在队医程亮眼里，杨鸣是一个有着开放性格的新派教练。"杨导很好学，不管谁提的意见，只要他觉得对，马上虚心接受。他和刘维伟、王博、王世龙这些年轻教练交流比较多，很擅长吸取别人的优点。"杨鸣和球员之间的熟悉，也成为他的一个优势。"杨导几乎是刚退役就成为主教练，理解队员的想法，沟通起来就比较顺畅。他在制定战术的时候，会考虑得很全面、很现实。而且，队里很多队员都跟他当过队友，彼此太熟悉了。别的不敢说，他肯定是最适合这支辽篮的主教练。"程亮如此表示。

作为年轻教练，杨鸣很拼，工作强度很高，自然会带来代价，发际线和眼袋只是外在的表现。程亮透露："在刚执教的时候，杨导白天带训练，晚上熬夜看欧冠录像，研究战术，免疫力低总发烧，一直靠药顶着，好几场比赛都是带着发烧执教。赢球了心情好一点儿，要是真输那几场啊，自己也闹心。"

至于杨鸣球场上的"暴躁"表现，程亮笑了："其实平时，杨导是一个脾气很温和的人。他对年轻球员严厉，有时甚至会骂两句，这更多的是一种恨铁不成钢的心理，当过教练的都能理解。至于球场上有时会跟裁判争执，这也是一种释放压力的方式。要是换了一个坐在场边没什么话的教练，人们又该嫌他没有激情了。"

蒋兴权说，他是看着杨鸣一步步成长起来的。师徒二人渊源从2004年开始，那年夏天的沈阳南湖大院男篮训练馆，有一场内部热身赛，辽宁男篮对手是赵仁斌带领的吉林澳华。当时的辽宁男篮主教练蒋兴权和观战的记者们说："青年队有俩小孩不错，一个叫杨鸣，一个叫王大勇，今天一起看看。"

蒋指导显然低调，哪是不错，这是横空出世。外表帅不用说了，主要球打得更帅。扎实的基本功、玩命的防守、反击、突破、三分、超快的速度、花哨的过人、对攻防节奏的掌控、和年纪不相符的大将之风……杨鸣和王大勇把压箱底的功夫都使出来了。吉林澳华被瞬间击溃，老蒋当时在场边看着很高兴，之后拍板两人进一队。"当球员时，杨鸣给人的感觉，灵，脑子好使；天赋好，基本功扎实；最重要的是他对胜利的渴望和拼搏精神，有担当，是非常值得信赖的球员。"回忆当年，蒋兴权说道。

而在执教浙江、佛山、新疆等多支CBA球队后，蒋兴权在2020年落叶归根，回到家乡担任辽宁男篮顾问辅佐主教练杨鸣。师徒二人合力夺得陕西全运会冠军和CBA总冠军后，蒋兴权如此评价：杨鸣作为年轻教练取得的成绩已经相当突出，执教第二年就能拿下全运会冠军，已经展现了他的成长速度。

"杨鸣在赛会制期间只要有机会就会观看其他球队的比赛并且进行记录，而且记录得非常详细，这对于他的比赛准备将带来更大的好处。"老蒋表示，杨鸣是个很努力的年轻教练，平时不断进行战术知识学习，就连现场执教能力也有很大提升，对于场上细节的把控也十分到位。谦逊、睿智、好学，相信杨鸣会成为一名出色的教练。"

2023 年 5 月 15 日，辽宁男篮球员在夺冠后将主教练杨鸣抛向空中。当日，在辽宁沈阳举行的 2022-2023 赛季 CBA 总决赛第四场比赛中，辽宁男篮以 106：70 战胜浙江队，以 4：0 的总比分夺得总冠军

毫无疑问，赵继伟是目前辽宁男篮的场上"大脑"，绝对核心。三连冠期间，"赵超巨"的名头叫得越来越响亮。2022—2023赛季，在辽宁男篮4：0横扫浙江稠州队之后，赵继伟毫无悬念地蝉联总决赛MVP。赵继伟也成为继刘玉栋和朱芳雨之后，第三位蝉联FMVP的CBA球员。能与那两位球迷心目中的"上古大神"并肩，这已经可以说明赵继伟在国内篮坛的地位。

我跟队的时间线，与赵继伟在辽篮的职业生涯几乎完全是重合的，因此对于赵继伟的成长，我是一个忠实的旁观者和记录者。第一次在场边看赵继伟的比赛，不知怎的，我脑海里首先浮现出来的词就是"一步百计"，这是五代时期时人对后梁名将刘鄩的至高评价，在我心目里，赵继伟正是这样一个篮球场上的"智将"。

1.临危受命，少年成名

2013年9月，在第十二届全运会男子篮球U18青年组比赛中，东道主辽宁队一路碾压毫无悬念地夺冠，这是辽宁代表团在全运会历史上的首个篮球项目冠军，具有划时代的意义。在那支辽宁U18男篮中，人们更多地把关注的目光放在了有着"大魔王"之称的潜力中锋周琦身上。但实际上，赵继伟才是那支球队的"大脑"。

　　对于这颗希望之星，辽宁男篮俱乐部有自己的培养计划，全运会结束之后，赵继伟本来已经赴美特训。但计划没有变化快，在那个赛季，郭艾伦第二场比赛就出现手臂骨折的伤病，常规赛提前报销，辽宁队后卫线骤然出现用人荒。于是，赵继伟紧急中断了在美国的特训，火线勤王。听到这个消息，不熟悉赵继伟的人会担心，担心这个刚满18周岁的年轻人无法帮助球队渡过难关；而熟悉赵继伟的人也会担心，担心他过早地进入一线队，会出现"揠苗助长"的情况。

　　事实证明，赵继伟的适应能力远超外人的想象。在处子赛季，赵继伟就在辽篮的轮换阵容里占据一席之地，在场均13.2分钟的出场时间里交出了3.2分、1.1次助攻和0.6次抢断的数据。这个数据谈不上多么耀眼，但对于职业联赛经历此前一片空白的赵继伟来说，弥足珍贵。

　　尽管那个赛季，辽宁男篮在后卫线上的主力是多米尼克·琼斯和队长杨鸣，但我还是记住了这个面容清秀的年轻人。我能够看出来，赵继伟对自己的要求很高，他的预期不是简单地替主力球员顶一顶就"打卡下班"，而是利用有限的出场时间，不断地在实战中学习和提高。每一次暂停，赵继伟都会认真地聆听主教练的战术布置，哪怕这个战术跟他没有关系。坐在场下的时候，赵继伟会专注于场上每一个细节，可以看出他的大脑正在飞速运转，在思考这个球如果换成他，会怎么做。

　　无论什么时候，你都能感觉到，赵继伟是在用自己的脑子打球。他在球场上表现出来的灵气，是国内后卫中少见的。那个赛季辽宁男篮留给球迷印象最深刻的瞬间莫过于韩德君在新疆队主场遭遇"一本抱摔"，当时就站在底线的主裁判郑军在众目睽睽之下对可兰白克明显的犯规动作选择了无视。郭士强投诉无果后在红山体育馆久久不肯离去的背影，是辽宁男篮那个赛季最后的注脚。

　　但当时很少有人会注意到，在突破吸引防守后把球准确地送到跟进的韩德君手上的，正是赵继伟。在那种令人窒息的时刻还能以极为冷静的头脑作出最合理的选择，不是每一个18岁的球员都有这样的篮球智商。

　　但随着郭艾伦的回归和哈德森的加盟，赵继伟在随后一个赛季的出场时间明显下降。对于拥有雄心壮志的年轻人来说，出现失落感是可以理解的。一次跟随球队出征客场时，我在候机时想采访一下赵继伟，赵继伟笑了一下，摆摆手说："采访我干呀，我一个板凳坐穿的人。"从他的眼神里，我看到了几分不甘，几分坚定，这和他在球场上那股不服输的劲头如出一辙。虽然没能完成采访，但我心里更加笃定，过人的篮球智商，再加上这样的好胜心，赵继伟一定可以打出来。

2.伤病让他变得更强大

但谁也没想到，赵继伟此后的职业生涯却命途多舛。2015年亚锦赛，赵继伟作为首发控卫随中国男篮重回亚洲之巅，这样的成就让所有人看在眼里。时任辽篮主教练的郭士强也表示，他将考虑让赵继伟在球队扮演更重要的角色。

然而人算不如天算，就在与新疆队的季前赛中，一次普通的对抗，让赵继伟遭受了职业生涯第一次严重的伤病。"肩膀脱臼，直接掉下来了。"时至今日，赵继伟回想起那次受伤仍是心有余悸。

第一次脱臼，赵继伟足足休养了六周，直到CBA开赛第六轮后他才算正式回到场上。本来以为已经够小心了，可不曾想，在与山西队的比赛中，一次破坏对方传球之后，赵继伟痛苦地捂住了上次受伤的右肩膀——该死的伤病又找上了他。这一次，赵继伟不得不接受手术，赛季提前结束，他只能作为一个观众，眼睁睁看着球队遭遇的不公正待遇而无能为力，为球队连续第二年错失总冠军扼腕叹息。所谓"有心杀敌，无力回天"，莫过于此。

只有早日重返球场，才是对球队最大的帮助。然而，肩部是人体中最复杂的关节之一，篮球场上肩部习惯性脱臼有多可怕，几乎被折磨到退役的2008年北京奥运会中国男篮主力后卫孙悦是最有发言权的。孙悦曾这样回忆自己长达三个多小时的手术细节："损伤部位比较多，而且因为麻药的关系，肌肉放松了，做手术的过程中，胳膊一直在自己往下掉，还有一个人在专门抬着。"

赵继伟的康复之路也并非是一番平坦，虽然他及时复出并入选了里约奥运会的国家队阵容，但刚拆下石膏的他甚至连罚球都只能投出三不沾。据国家队体能教练王卫星透露，在训练中连续三次罚球都没碰到篮圈之后，赵继伟落泪了，哭着问国家队主帅宫鲁鸣说："宫导，我还行吗？"

"他自己感觉都是个废人了，他说'王老师，我现在就是个废人'。我告诉他，废人没关系，只要你能练，王老师就能打保票，就能让你到奥运会赛场，关键是你自己要建立信心。"谈起当时的赵继伟，王卫星也非常感慨。

从伤病中走出，最难的一关是心理关。赵继伟曾经谈起一件事，在里约奥运

会之前的一次队内训练赛中，他连续罚球不中，一度想下场调整。宫鲁鸣却叫停了比赛，让全队集合，告诉赵继伟，现在由他来罚球，如果罚不中，全队折返跑，直到他罚中为止。一罚不中，队友被罚跑；二罚不中，队友被罚跑……"连续五罚不中，当时特别烦，就不想碰这个球，我想算了吧，就这样吧，别罚了，你让我下去吧，还是换个人吧。"赵继伟至今都能记得那种无力感。但宫鲁鸣一直在鼓励他，告诉他队友愿意为他奔跑，大家都在支持他，不要放弃。终于，第六罚命中，宫鲁鸣和所有队友都为他欢呼。那一刻，赵继伟把心魔扫荡一空。

经过不懈的努力，赵继伟终于走出了伤病阴影。里约奥运会上，他晃倒保罗·乔治的那一幕，至今被中国球迷津津乐道。2016—2017赛季，伤愈归来的赵继伟变得更强，场均可以交出9.6分、4.3次助攻和1.7次抢断的数据，多次在球场上扮演"脚踝终结者"，季后赛面对广厦队时一个可以写进教科书的"拜佛"晃过林志杰后投篮得分，标志着赵继伟真正"王者归来"。下一个赛季，赵继伟随辽宁男篮夺得队史首个CBA总冠军，并且入选了国家队征战雅加达亚运会的阵容，看上去，伤病已经放过了赵继伟。

可没想到厄运又一次降临到赵继伟身上。2018年8月，在国家队一次训练对抗中，赵继伟突破落地后左脚呈90度扭曲，他痛苦地捂住脚踝，寒意再次向每个人的心头袭来。

经诊断，赵继伟左脚脚踝三处骨折、两处韧带撕裂，只能前往西班牙开始漫长的治疗与康复。"我会选择面对，选择击败你，我会回来，会好好地站在你面前。"伤后的赵继伟并没有太多沮丧的情绪，甚至还剪掉了一头秀发，并通过个人社交媒体表示：一个新的发型，剪掉烦恼，剪掉伤病，一切从"头"开始（头发回来我就回来）。

赵继伟做到了，在伤愈复出后第一个完整的赛季，他又提升了。职业生涯第一次场均得分上双，11.6分、4.5次助攻、2.3次抢断，均为职业生涯新高。虽然两次肩膀脱臼让他不得不改变了自己的投篮动作，脚腕骨折韧带损伤让他一定程度上失去了惊人的爆发力和敏捷的横移，但只要出现在球场上，赵继伟还是那个无处不在的精灵。

"我的康复师告诉我，伤病不可怕，真正可怕的是面对伤病时，你害怕了。"赵继伟相信，一个人的强大并不在于体格，内心的强大，才是真的强大。

3.从"鞍山保罗"到"赵宝库"

对于大多数辽宁记者来说，第一次听说赵继伟的名字，是在第十二届全运会之前，当时担任辽宁青年男篮主教练的吴庆龙在提到未来苗子的时候，颇为得意地点了几个孩子的名字，其中就有赵继伟。

多年来，赵继伟的坚韧无人不知，但在其意识中，关于打球的一切似乎都是苍天所赐，生命中的注定。七岁那年，赵继伟求父亲为他买了人生中的第一个篮球，漂亮的篮球抱在怀中，在父亲的陪伴之下，走进海城体校篮球馆。

海城是县级市，隶属于鞍山市，如今，赵继伟被球迷称为"鞍山保罗"便源于此。他回忆：当年正是姚明在NBA大杀四方之时，看休斯顿火箭队比赛比较多，当初最喜欢的球员是弗朗西斯，后来更喜欢保罗，也总看像纳什、艾弗森、科比等顶级锋卫的比赛，模仿他们的技术动作，"他们对胜利的渴望是最感染我的"。

和很多篮球运动员一

样，在赵继伟的成长过程中，父亲扮演着极为重要的角色。他的父亲曾是军人，性格刚毅，做事严谨，赵继伟一直以父亲为傲。每年的建军节、父亲节，父亲的生日，他都会在微博上送上祝福，有时还会附上爸爸当年入伍参军时身披戎装的帅气照片。"我爸教育我比较严厉，当然是盼我有出息。小时候，他觉得有个好体格比什么都强，所以就把我送到了体校练篮球。"

按照选材标准，尤其是从身高条件来看，当时谁也没想到赵继伟能打出来，更没想到他能达到如今的高度。赵继伟说，从踏进篮球馆的那一瞬间，他就彻底被这项运动所征服，"一种神奇的东西击中了我"。此后二十多年，赵继伟完全融入篮球运动之中。

"辽宁出后卫，山东出中锋"这早已成为篮球圈的共识。在辽宁青训梯队中，后卫的竞争可以用惨烈来形容，相比那些必须拥有身高"硬指标"的内线球员，能练后卫的孩子一抓一大把。想要从这样的竞争环境中脱颖而出，难度可想而知。从入选那支为了十二运而组建的辽青队那一刻起，赵继伟就迎来自己人生中一个至关重要的转折点。

赵继伟出道即对位 CBA "抢断王"、江苏男篮核心胡雪峰

正如前面所说，辽宁男篮后卫线的竞争非常激烈，想要入选一线队并且站稳脚跟，没有拿手的"绝活"是不行的，对于赵继伟而言，这个"绝活"就是传球。从入选一队开始，天马行空的想象力，妙到毫巅的传球就成为赵继伟的"标配"，再沉闷的比赛也会因此增加观赏性。作为在球迷群中拥有很强号召力的球员，"鞍山保罗"的称号很快不胫而走，赵继伟也非常感谢球迷对他的厚爱，"挺感谢大家这么叫我，对我来说是一种非常大的认可"。

应该说，"鞍山保罗"这个绰号不是随便叫的，赵继伟在赛场上的大局观，以及串联球队的能力，与NBA球星保罗颇有相似之处。赵继伟就说过，他在比赛中更喜欢传球，多年来养成的习惯就是，赛后第一时间翻阅技术统计，看的第一栏就是助攻数据。"和科比相比，我确实更欣赏保罗。篮球是一个团队运动，自己得分再多，意义不大，球队赢球才是关键。我不喜欢单打独斗，而是愿意给队友创造机会。"初出茅庐时，赵继伟有过这样的表述。

辽宁盛产优秀后卫，确实在无形中增加了赵继伟的压力，但凡事无绝对，从另一个角度来看，身处在这样的环境，也可以让赵继伟从前辈的身上吸取经验，少走弯路，迅速成长。从青年队开始，赵继伟先后师从吴庆龙、郭士强和杨鸣，在这三代辽篮优秀后卫的悉心栽培下，赵继伟就像一棵苗壮成长的小树苗，不断从丰沃的土壤中吸取养分，最终成长为参天大树。

还有一种声音，说辽宁队优秀后卫太多，耽误了赵继伟的成长，甚至断言"双子星"不能共存。但从球场上来看，郭艾伦和赵继伟的特点恰好互补，他俩在球场上往往能够擦出意想不到的火花。赵继伟曾这样谈到他和郭艾伦的关系："郭艾伦

个人能力非常强，他的防守和身体在后卫中都是比较出色的，在场上能够带给大家更多的活力，包括防守、推进的速度和冲击力。和他同时在场的时候，我会尽力控制一些节奏，更加注重进攻的配合，包括个人的一些冲击或者传球，我会事先判断好。"优秀的球员可以根据球队的需要"指哪打哪"，所谓"双子星"不能共存，根本就是一个伪命题。

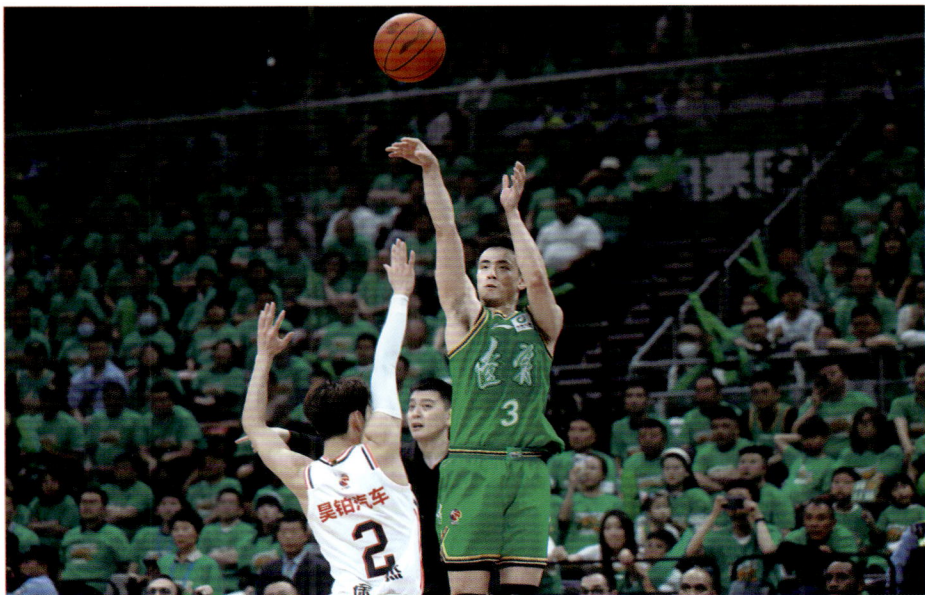

多年并肩战斗，"双子星"之间早已结下了深厚的战斗友谊，他们心有灵犀，在球场上彼此之间的信任是无条件的。2022—2023赛季1/4决赛客场面对北京队时有这样一个细节，当北京队出现技术犯规时，本场比赛手感不佳的郭艾伦希望由赵继伟执行罚球，赵继伟却主动把郭艾伦推向罚球线，让他通过罚球找手感。这样的"双子星"，确实让球迷感到安心又温馨。

最经典的一幕出现在2020—2021赛季总决赛G2，比赛还有12.4秒结束，辽宁男篮落后广东队3分。如果输球，辽篮就将0：2无缘总冠军。谁都知道，辽篮最后一次进攻一定会投三分球，广东队几乎所有人都扩大到三分线防守，辽篮只有通过快速的传导球才有可能赢得一瞬间的出手机会。在暂停之后，球几经传递，来到了底角无人防守的郭艾伦手里。本场比赛，郭艾伦三分球9投4中，于是补防的胡明轩不顾一切地扑上来封盖。在有出手空间的情况下，郭艾伦余光瞥到了左边机会更好的赵继伟。

在之前的47分钟里，赵继伟三分球5投0中，但郭艾伦没有丝毫犹豫地把球传了过去，赵继伟同样毫不犹豫地出手，球画出一道美丽的弧线空心命中，辽篮在常规时间还有2秒的时候扳平比分。在赵继伟命中三分球后，郭艾伦冲上来，捧着赵继伟的脸，大声吼道："这球我传得快不快？快不快？"赵继伟用更大声的怒吼回应郭艾伦："快！快！快！"

事实证明，"双子星"之间不存在谁压制谁的问题，而是互相成就，对于赵继伟而言，正是在与郭艾伦的这种良性竞争中不断进化。2019—2020赛季，哈德森换成史蒂芬森，丛明晨受伤，辽篮队内没有了一个稳定的射手，对手每每放心大胆地放空外线进行包夹，辽篮举步维艰。没有射手，就把自己改造成射手。那个赛季，赵继伟场均出手三分次数比上赛季翻了一番，命中率达到40%。客场与浙江稠州队的比赛，赵继伟第一次成为辽篮最稳定的外线攻击手，他三分球9投5中，把辽篮从失败的边缘拉了回来。主场面对北京双雄，赵继伟的三分球技术统计分别是6投3中、5投2中，这是一个外线投手的标准数据；真正的高光时刻出现在客场面对四川队，赵继伟15次出手，命中7记三分球。就从这个时候开始，不少网友留言称：赵继伟变成了"辽宁库里"。

2021—2022赛季总决赛，赵继伟场均数据为14.3分、7.8次助攻。2022—2023赛季总决赛，赵继伟打出了一个全明星级别的数据，场均贡献17.8分、3.9个篮板和9.3次助攻，成为辽篮队史第一位蝉联FMVP的球员。总决赛第四场，赵继伟得到17分、11次助攻和7次抢断，成为首位在总决赛这三项数据至少得到"15+10+5"的球员。球迷开玩笑说，"保罗"和"库里"在这一刻合体了，赵继伟就是"赵宝库"。赵继伟接受采访时自己也说，他喜欢这个新绰号，因为"这个名字很东北"。

4.当"双子星"变"单核"

2022—2023赛季，赵继伟场均出场时间创职业生涯新高：34.3分钟。只用了一年，赵继伟就刷新了这个纪录。2023—2024赛季，赵继伟场均出场34.9分钟，已经接近3节。而且，这一年，辽篮常规赛加季后赛一共打了64场比赛，赵继伟只缺席了其中的4场，单赛季出场场次同样刷新职业生涯纪录。

按理说，出场时间增多会加剧球员的疲劳，很容易出现效率下降的情况，但赵继伟却不是这样，2023—2024赛季他的场均得分达到15.8分，为CBA生涯最高。而季后赛，赵继伟场均得分更是达到18.3分，在接近29岁的年纪，赵继伟又一次"进化"了。

但赵继伟的这个赛季，其实有一个糟心的开始。在2023年夏天，中国男篮经历了世界杯和亚运会的双重打击，尽管俱乐部队友张镇麟吸引了更多的"火力"，但作为国家队首发一号位，赵继伟承受的心理压力也没有轻到哪里去。有媒体人感慨：赵继伟给自己的压力太大了，以他的水平，不至于是世界杯那个表现。

然而，在季前赛训练中，郭艾伦大腿肌肉再度拉伤，整个赛季只打了三场比赛。"双子星"变成"单核"，而且是一个赛季，赵继伟身上的压力翻倍。在常规赛中，浙江广厦队三杀辽篮，而他们的战术非常简单，就是在高位对赵继伟和弗格疯狂夹击，迫使他们把球传给队友处理。这一方面增加了辽篮失误的概率，而且这

赵继伟与家人分享夺冠的喜悦

些失误大多数还被对手直接转化成了反击得分，对自己的士气是一个严重的挫伤；另一方面，赵继伟和弗格把球传出去之后，其他球员基本只能扮演终结点的角色。辽篮的内线和外线被对手割裂开来，于是辽篮的进攻就变成了无数次单打之后的仓促出手，甚至单场投出三分球33中8的罕见低命中率。

有了广厦队的成功经验，其他球队有样学样，于是赵继伟在强强对话中打得非常辛苦。虽然时任辽宁男篮主教练乌戈·洛佩斯也想了很多办法，比如让张镇麟向持球锋线转型，比如开发莫兰德的策应能力，比如让鄢手骐、李虎翼、张峻豪等替补球员分担赵继伟的控球责任，但效果都难言理想。于是，人们看到了一个非常"拧巴"的局面，球队一直在赢球，赵继伟也在不断迎来新的里程碑，但他的疲劳感肉眼可见。

2023年10月24日，常规赛第二轮，赵继伟就出现了左膝关节骨损伤的伤情；1月7日击败北控队之后，赵继伟表示自己肠胃不舒服，"一直在吐"，因此缺席了两天后与广厦队的比赛；1月14日，在96∶84战胜北京队之后，赵继伟告诉记者："今天比赛之前自己身体很不舒服，头也痛，感觉恶心，但打完球之后又好了。"到了常规赛第二阶段后期，身心疲惫之下，赵继伟出现了明显的情绪起伏，这在他的职业生涯中是不多见的。

这一切随着第三阶段开始前杨鸣的回归有了转机。和外教相比，本土教练的容错率较高，杨鸣能够给赵继伟更多的时间来自我调整。经过第三阶段的过渡，赵继伟把自己最好的状态留给了季后赛。3∶0横扫深圳队的系列赛，赵继伟总计送出28次助攻，却只有3次失误，助攻失误比相当惊人，真实命中率更是高达69%。

半决赛第三场，辽宁男篮以16分的差距负于广东队，赵继伟在比赛中遭遇胡明轩、徐杰和李奕臻的"车轮战"消耗，全场12投只有2中，甚至出现了被"菜鸟"李奕臻一对一直接抢断的失误，这在赵继伟的职业生涯中是极其罕见的。尽管身心俱疲，但赵继伟还是出现在赛后的新闻发布会上，说了这样一番话："像教练说的，背水一战！作为球员，我们会捍卫我们的辽宁精神，不会放弃任何一次球权，也不

会放弃任何一场比赛。"

赵继伟是这么说的，也是这么做的。在外界都以为半决赛失去悬念，广东队将时隔三年重返总决赛的时候，5月8日，赵继伟和他的队友生生把球队从悬崖边拉了回来。这场比赛，赵继伟半场就7投4中得到15分，全场得到22分。赛后，赵继伟的妻子王君瑞在自己的个人社交媒体写道："好样的！都是好样的！"

当半决赛重回沈阳，特别是周琦还无法出场的情况下，"抢五大战"的结局可想而知。21分大胜广东队后，在联手出席新闻发布会的时候，心情愉悦的杨鸣和赵继伟这对师徒还说了一段"相声"——赵继伟再次强调球队的"子弟兵"性质，说："我看了我们的名单，几乎都是辽宁人，除了丛明晨，他是黑龙江伊春人。"坐在身边的杨鸣马上插话："丛明晨是辽宁女婿。"赵继伟做了一个恍然大悟的表情，接着说："对，他是我们辽宁的女婿，扎根在沈阳，从小和我们一起长大的。"在场记者都会心一笑。

赵继伟（中）连续两个赛季获得 CBA 总决赛最有价值球员

在5月22日，辽篮104：95战胜新疆队实现三连冠的同时，赵继伟也解锁了一个成就：凭借本场比赛的10次助攻，他将个人在季后赛总助攻次数提升至441次，超越队友郭艾伦的439次，成为本土球员第一人。加上外援，也只有哈德森的450次需要追赶。

颁奖结束回到更衣室，赵继伟仿佛卸下了千斤重担，靠在更衣室的柜子上，静静地享受着夺冠的喜悦。"这个赛季国内球员人员不整，球队饱受伤病困扰，赛季初大家进入状态比较慢，老队员一直在坚持。"在赵继伟眼中，过去的这一年格外漫长，他眼睛看着远处，和现场的记者娓娓道来："辽宁队强在大家团结，老队员给球队注入很多不一样的东西，他们是精神领袖，以身作则，督促我们认真对待每天的训练和比赛。很多球队在这方面吃亏，但我们队经验丰富。我们每次总决赛都零封对手，跟这些默默付出的老队员有很大关系。"

赵继伟的本意说的是韩德君和李晓旭，但他没有注意到，从2013—2014赛季正式进入一线队，他已经为辽宁队服役了11个年头，也是"老队员"的一员了。在和新疆队的总决赛四场较量，赵继伟场均贡献16.3分、6个篮板和8.8次助攻，真实命中率为55.5%，助攻率高达29.6%。

赵继伟说，过去的这个赛季像做梦一样，"这个梦有点太长了，经历了快7个月的时间，跟家人聚少离多，经历了很多高强度的比赛，让球员感觉疲劳，打到最后就是在坚持。"但是，所有的成功，都是因为坚持。赵继伟的这个梦，最后是笑醒的。

5. "为了辽宁我可以付出一切"

职业化大潮下，"雇佣军"屡见不鲜，"子弟兵"凤毛麟角。在CBA联赛，辽宁男篮就是一个异类——队内主力球员几乎都来自本省，对家乡的眷恋，是他们在赛场上奋勇拼杀的内在动力。在不同的场合，辽篮队员对这一点多有提及，但最具高度的表述无疑来自赵继伟："我们辽宁男篮一直就像一个大家庭一样，我们都出自辽宁，都是为了家乡打球，所以我们感觉到很骄傲。我们都是辽宁的子弟兵，我们是为辽宁人民打球。"

实现三连冠之后，赵继伟几乎是第一时间更新了自己的社交媒体："辽宁球迷们，我们做到了！都说三连冠才算是王朝，你们是我前进的动力，属于我们的王朝来了，你们好好享受这一晚吧！"对家乡的荣誉感跃然纸上。

在激励队员时，杨鸣曾说过这样一句话："你要为你胸前的名字（辽宁）打球，不要为背后的名字打球。"2020年折戟总决赛之后，失望的赵继伟发布了一条微博，随后很快删除。虽然这条微博比较情绪化，但从中不难看出赵继伟的信念：为了辽宁，我可以付出一切！

为了胸前的"辽宁"二字，赵继伟只要站在球场上，就会毫无保留。而这些年与伤病斗争的经历，不仅帮助赵继伟磨炼出坚韧的意志，也让他格外珍惜自己的出场时间，只要一出场就会不知疲倦地奔跑，不惜体力地防守，他对比赛的专注度，在整个CBA也是数得上的。2022—2023赛季辽宁男篮与浙江广厦队的半决赛G5比赛还有28秒结束时，主教练杨鸣换下全部主力，赵继伟来不及和替补席的队友庆祝，就紧跑两步来到场边，抱着垃圾桶干呕起来，根本顾不上在媒体和球迷面前保持形象。为了这场"抢五"的胜利，赵继伟已经倾尽所有，这一幕让所有人为之动容。

在那个系列赛，赵继伟的发挥时有起伏，或许不是辽篮表现最出色的球员，但绝对是最辛苦的一个。和广厦队的半决赛，赵继伟的出场时间分别为38分42秒、42分31秒、45分52秒、38分28秒和41分31秒，也就是说，五场比赛下来，赵继伟场均休息的时间还不到半节。可以想见，为了晋级总决赛，赵继伟付出了何等的体能代价。

近几个赛季，郭艾伦因为伤病缺席了多场比赛，赵继伟经常要面对"单核带

队"的局面。统计数据显示，从2022年夏天到2023年夏天，赵继伟CBA联赛、全运会、国家队比赛连轴转，参赛场次达到了92场，累计上场2657分钟。"劳模"这个词虽然不足以体现赵继伟的价值，但也道出了赵继伟的辛苦。

赵继伟的"付出一切"，也包括为了团队作出牺牲。2022年12月21日，辽宁男篮大半支球队受伤病影响，只有7名球员能够打球。赵继伟单场19次助攻刷新个人纪录，同时帮助付豪得到队史国内球员单场最高分50分，赛后的新闻发布会上，辽篮助教乌戈·洛佩斯发出了由衷的赞叹："赵继伟是我见过最为球队牺牲自己的球员，因为他知道球队什么时候需要他做贡献，我们需要他的时候就会为球队站出来。"

加入辽宁男篮这么多年，每当球队出现困难的时候，赵继伟总能"急球队之所急，想球队之所想"，哪里需要就出现在哪里。只要球队需要，他可以是防守尖兵，可以是射手，也可以是助攻王，这样的球员，谁不爱？

6.一步百计

"赵继伟本场表现太出色了，可以说是中国男篮有史以来最好的后卫球员，没有之一。"2024年5月22日总决赛，辽宁夺冠后，篮球评论员杨毅如此惊呼。赵继伟是不是"最好"，每个人有不同的见解，但他对比赛的阅读能力，在国内后卫中绝对是顶级的。

对于历史爱好者来说，残唐五代是一个将星云集的年代，在璀璨的群星中，温文儒雅的后梁名将刘鄩有着特殊的地位。时人对他有一个至高评价：一步百计。意思是刘鄩足智多谋，一步之内，就能想出一百条计策。在篮球场上，赵继伟就是这样的"智将"，从球给到他手中的那一刻起，心里早已规划出不止一条的进攻路线。

如果和足球运动员比较，我愿意把赵继伟称为篮球场上的哈维。在巴萨被称

为"宇宙队"的年代，外界关注的焦点都在摧城拔寨的梅西身上，但球队的攻防节奏实际上是掌握在哈维脚下的。没有哈维，巴萨踢不出华丽的传控足球，"Tiki-Taka"更是无从谈起。业内人士对哈维的评价是"节拍器""呼吸机"，他的作用就像是往水里扔出一块石子，产生的涟漪可以惠及场上每一名队友。

赵继伟也是这样的球员。即便是在总决赛这种级别的对抗中，赵继伟依然可以一边运球，一边冷静地观察着场上局势，随时准备向对手刺出致命一击。2023—2024赛季总决赛G2有这样一个镜头：在完成抢断后，赵继伟反击中在45度角毫不犹豫地命中追身三分。下一个回合，赵继伟出现在同样的地点，新疆队别无选择，只能扑出来，对手篮下出现防守真空，赵继伟马上将球分给跟进的莫兰德，后者隔扣，一举打停对手。每一次的选择都是那么合理，那么无可挑剔，就连我身边的新疆记者都忍不住赞叹。套用足球界对哈维的一句评语来形容赵继伟：他读懂场上局势的时间，永远比别人快几秒。

不贪功，懂合作，会传球，这让赵继伟成为最受欢迎的队友。职业生涯与无数控球后卫合作过的周琦说："赵继伟的传球总能恰到好处，让对手防不胜防，让我的得分变得很容易，他的组织串联能力是我遇见的搭档中最好的一个。"

　　在篮球场上，助攻和抢断是最能体现控球后卫价值的两项数据。2022—2023赛季季后赛，赵继伟场均助攻9.5次，在八强球队中是最高的；场均抢断2.3次，在八强球队中也仅次于萨林杰和贺希宁。整个赛季，赵继伟场均助攻数为8.6次，创职业生涯新高。2023—2024赛季，赵继伟延续了这样的表现，场均助攻8.4次，为八强球队最高，而且是榜单前五位唯一的国内球员；场均抢断2.5次，仅次于陈盈骏；12场比赛，赵继伟一共命中了40个三分球，比新疆队的"神射手"齐麟多了10个；三分球命中率榜单，赵继伟以43.5%排在第九位，但排名在他之前的8名球员，全部来自四强之外……

　　到2023—2024赛季结束，在历史榜单上，赵继伟的助攻数来到2412次，排在第六位；抢断数为838次，排在第十位。要知道，这还是在遭遇两次严重伤病，而且职业生涯前几个赛季需要和郭艾伦、哈德森竞争上岗的情况下做到的，殊为不易。

　　28岁的赵继伟目前正处于职业生涯的黄金时期，在中国男篮主教练乔尔科维奇眼里，赵继伟是球队的"大脑"；在球迷眼里，赵继伟是没有明显短板的"六边形战士"。有着整个CBA数一数二的"最强大脑"，辅以强大的内心，相信四次总冠军、两届总决赛MVP不会是赵继伟的终点。

第五章　郭艾伦的钟爱与坚持

由于伤病问题，郭艾伦缺席了2023—2024赛季整个季后赛的争夺。不过，从半决赛开始，他从西班牙治疗回归，并亲身见证了球队实现三连冠的壮举。

在夺冠后的直播中，郭艾伦谈到了自己的伤病情况和续约问题。他详细解释了自己没有复出的原因，主要是因为腿部反复拉伤，前往西班牙接受干细胞注射治疗。至于何时能够重新上场打球，医生给出的时间点是六、七月份。关于续约问题，郭艾伦表示，只想在辽宁队开心快乐地打球，这里的环境很好，自己很享受，因此希望能够留在辽宁队继续征战，并向四连冠发起冲击。

"明年等我！辽宁总冠军。"郭艾伦在社交媒体的发言很简短，但却更让人感动。这句话充满了信心和决心，也让球迷们对辽宁队未来的表现充满了期待。

1.坚持就是胜利

2009年的亚洲青年篮球锦标赛，一位叫郭艾伦的年轻人走进了中国球迷的视野。在这项赛事中，他交出了场均19.3分、5.5个篮板和2.6次抢断的数据。2010年世青赛，郭艾伦出战8场，7场得分上20分，以场均22.4分荣膺得分王。在与埃及队的比赛，郭艾伦独得30分，成为该项赛事首个单场得分"30+"的中国球员，并带领

中国队获得第七名，追平了中国男篮自1978年开始参加各级别国际大赛以来的最佳战绩。

顺理成章地，时任中国男篮主教练的邓华德把郭艾伦选进了土耳其男篮世锦赛阵容，这让郭艾伦以16岁5个月的年龄，成为中国男篮队史上最年轻的国手。

在篮球业内人士的眼中，郭艾伦的球风媲美许多小外援，速度快，擅长突破攻筐和造罚球，得分能力突出，同时还能兼顾助攻，球风华丽，是一名典型的美式进攻型后卫。对于CBA的绝大多数后卫来说，郭艾伦就是接近完美的存在。就算是在亚洲篮坛上，郭艾伦也有"亚洲第一后卫"的名号。但在郭艾伦看来，这都不是真实的自己。

2023年5月15日，在夺冠新闻发布会上，主教练杨鸣关于辽篮是普通人"光"和"灯塔"的一番话，让人无限感慨，成为人们热议的话题。人们不知道的是，其实郭艾伦也有过类似的表述。

在外人看来，郭艾伦天赋异禀，是国内球员中难得一见的天才型球员。但郭艾伦本人是怎么说的呢？他从不认为自己是"天才"："其实我就是一个天分普通到再普通不过的人，没别人跳得高，没别人跑得快，能走到现在，可能就是因为我比别人多坚持了一点点。"

在带领球队第一次夺得CBA总冠军之后，郭艾伦在微博上分享了一个故事，"在我小的时候，又矮又瘦，跑不快也跳不高，身边所有人都说我打不了篮球，队友在场上打球，我只能在下面自己拍球。有一次代表辽阳市参加省里的业余比赛，也没得到上场机会，跑出球馆我哭了。后来我去了辽宁少年队，我的室友都嘲笑我，说我打球太差了啥都不行，全靠我有个老叔才能到队里。我也一直被质疑，伴随我整个篮球生涯。希望我的经历能够激励和我一样没有天赋的孩子们，相信自己，只要够努力够坚强，就一定会实现自己的梦想。"

说完了这段故事，郭艾伦还深情地写道："正因为我不够聪明，没有天赋走到了今天，才更有故事感，因为我这种笨蛋都能通过努力完成自己的梦想。"下面有球迷给他留言："不，你才不是没有天赋的笨蛋。你最大的天赋，就是'坚持'啊。"

俗话说："坚持就是胜利。"但对郭艾伦来说，他的坚持与胜败无关。2014—2015赛季，郭艾伦第一次总决赛之旅，辽宁队2∶4不敌经验老到的卫冕冠军北京队。总决赛第六场，郭艾伦轮番防守马布里和孙悦，每球必争，一直拼到最后时刻崴脚被队友架出球场。虽然辽篮输掉了总决赛，但郭艾伦赢得了马布里的尊重："我很喜欢他，喜欢他的无所畏惧，无论他和谁对位都不会畏惧。你可以从他身上感受到那种强烈的求胜欲望，舞台越大，他的表现欲就越强，表现也越出色。我认为他是中国所有的后卫里最有希望进NBA的。"能得到马布里这样评价的国内球员，屈指可数。

前任辽宁男篮主教练郭士强，是这样评价他的"大侄子"的："全队我说郭艾伦说得是最多的，因为我是艾伦老叔，所以批评别的队员可能会留些情面，但对他却更加严厉。我别的队员和他犯同样的错误，我肯定说他比别人多。艾伦有时会感觉不平衡，有委屈，请他理解吧。"

杨鸣以队友和主教练身份与郭艾伦共事十余年，郭艾伦是什么样的球员，他非常有发言权。在杨鸣看来，现在的中国国家队缺少激进和血性的球员来带动，"缺的就是郭艾伦这股劲"。杨鸣说过，郭艾伦从上一队开始，不仅按时完成正常训练，在结束后还给自己安排其他内容，一直在加练。有一年，郭艾伦的右手骨折无法打球，他就一直练习左手控球，人们看到他现在双手运球都运得十分流畅，就是那个时候练成的。

"球痴。"这是杨鸣对郭艾伦的评价。曾在国家队带过郭艾伦的宫鲁鸣也坦言，郭艾伦"对篮球非常痴迷，一天不打就浑身难受"。不怕别人优秀，就怕优秀的人比你还努力，郭艾伦取得今日的成就，绝非偶然。

2.脆弱与坚强

作为土生土长的辽宁孩子，郭艾伦身上有一种东北人与生俱来的幽默，非常"接地气"，这种性格让他显得真实，不做作，和球迷之间天然地没有距离感。郭艾伦的这种性格很容易感染他人，让别人被快乐包围。所以，郭艾伦在CBA拥有极高的人气。

但从心理学上来说，笑和哭都是情绪

的宣泄和表达，越爱笑的人，往往内心深处越孤寂，所以哭的时候，也就哭得更彻底。在郭艾伦身上，很好地验证了这句话。在我采访辽宁男篮的十多年里，亲眼见到郭艾伦哭的时候，有两次。

2014—2015赛季，辽宁男篮时隔7年重返总决赛，对阵卫冕冠军北京队。前三场，辽篮2：1领先。第四场终场前4分钟，辽篮还领先14分，但最终被马布里带领的北京队逆转，那场比赛也改变了整个系列赛辽篮的气势和运势。其中郭艾伦在比赛临近结束时有一次快攻上篮被封盖，下一个回合北京队就由马布里投进了反超比分的三分球。这次关键性的失误，让郭艾伦成为网络上球迷"炮轰"的对象。

作为随队记者，看到辽宁男篮以这种方式输球，我的心情自然也很沉重。回到酒店，电梯到了，一名球员低着头从里面走了出来。我和他打了个照面，他一抬头，正是郭艾伦，低落的情绪写在脸上，眼圈红红的。看到我，郭艾伦张了张嘴，似乎有一肚子的话想说，但最终还是咽了回去，轻轻叹了一口气，又把头低下，从我身边走了过去。

我当时很想劝他几句，可话到嘴边又不知道怎么开口。竞技体育一向以成败论英雄，可那个时候的郭艾伦才只有21岁，却背负了太多与这个年龄不相符的沉重包袱，外界对他未免有些太过苛刻。这些话都被我写在了发表在《辽宁日报》体育版面的稿件里，就是希望人们能给郭艾伦更宽容的成长空间，哪怕只有一点点。

另一次发生在2020—2021赛季，辽宁男篮在总决赛决胜场与广东队战至加时，最终遗憾告负，第八次输掉了总决赛。在赛后的新闻发布会上，郭艾伦用哽咽的声音说道："这一次我真的很想赢，不是为了我自己，而是为那些来到现场，或者是在家乡以各种方式看我们比赛的人。那么多支持我们的人，我真的想为他们赢一次。但我还是没做到，就差一个加时赛我们没打好，我接受不了这个结果。"说到最后，郭艾伦声音中明显带着哭腔，他的每一个字都敲击在我们这些随队记者的心头，让我们的心情也坠入谷底。

不想让球迷失望，是郭艾伦最真实的想法，他自己也说过："辽宁球迷真的很牛，无论我们到哪都有很多球迷给我们加油，这也是我最动容、最舍不得辽宁队的地方。"没能用一座总冠军奖杯为辽宁球迷带来快乐，是郭艾伦心里解不开的疙瘩。

走出发布厅，郭艾伦再也控制不住情绪，双手掩面，趴在球员通道的栏杆上放声痛哭。那一幕，现场所有的记者都为之动容，大家围过来，试图劝解哭得不能自已的郭艾伦，尽管那些苍白的话语连我们自己都说服不了。

但是，郭艾伦"脆弱"的一面，也就仅限于此了。就在错失总冠军后4个月，陕西全运会男篮决

赛中，郭艾伦在赵睿、胡明轩、徐杰、白昊天和容子峰的"围剿"之下全场18投12中砍下33分，打出了国内后卫天花板级别的数据，一个人打爆了由四支CBA球队组成的"联军"。一次顶着防守人篮下打进后，完全进入情绪的郭艾伦隔着白昊天，冲替补席一摊手，大声喊道："没防守啊！"那一刻，郭艾伦张狂得可以，但所谓"不气盛还叫年轻人吗"，而且，郭艾伦也确实有资格张狂。

这就是郭艾伦真实的一面，有敏感的真性情，但更多的是坚强。自己的伤痛默默忍受从不叫苦，无论遭受任何无端的质疑都不愿意做太多解释，永远都是"拿球说话"。就如2018年在浙江广厦队主场漫天的"千年老二"的嘲讽声中，郭艾伦没有受到任何干扰，和队友4∶0横扫对手，把这个耻辱的帽子摘下来扔到了地上，上演了一出CBA最为励志的传奇故事。

3.男子汉的勋章

有句话说"伤痕是男子汉的勋章"，郭艾伦的伤痕，有心灵上的，也有身体上的。2023年3月19日，辽宁男篮与深圳队的常规赛中，细心的球迷会发现郭艾伦在带球过半场时，偶尔会低头看一下自己的左手。人们都不知道为什么郭艾伦会有这样的习惯动作，也包括坐在记者席上的我。郭艾伦的母亲解开了我的疑惑，原来郭艾伦是在查看自己手掌的伤口。

郭艾伦母亲告诉我，上一轮与宁波队的比赛中，郭艾伦在一次摔倒后，左手手掌连皮带肉被蹭掉了指甲盖大小的一块，他是忍着疼打完的比赛。郭艾伦妈妈让我看了郭艾伦伤口的照片，伤口不大，但很深，血肉模糊，看着都让人觉得疼。"郭艾伦在比赛里得双手运球，球总摩擦他的伤口，那得老疼了。"郭艾伦妈妈这样说道。

然而，带伤出战并没有影响到郭艾伦的状态，继上一轮得到22分之后，郭艾伦那场又以19投9中的效率得到全场最多的20分，并贡献8次助攻。这样，郭艾伦一战迎来两个里程碑时刻：在CBA历史总排行榜上，郭艾伦的得分来到8446分，排在第八名；总助攻数来到2518次，排在第四名。更重要的是，郭艾伦在攻防两端都给予球队极大帮助。在进攻端，郭艾伦在自己频频利用突破和中投得分的同时，也没有忘记给队友制造机会，多次为张镇麟送出助攻，点燃全场激情。

在防守端，郭艾伦同样无惧左手伤势全情投入，给对方后卫线持续压迫，让深圳队无法打出流畅的进攻配合，全场只有20次助攻，比辽篮少了13次。尤其值得一

郭艾伦父母郭宏、田玉娟平时十分低调，很少出现在公众面前。作为坚强的后盾，他们默默地守护着自己的孩子

提的是，在比赛中，郭艾伦的退防是全队最积极的。有一个球，对方中锋沈梓捷反击中已经在罚球线接到传球，上前一步就可以扣篮，可看到面前退防到篮下的郭艾伦，沈梓捷胆怯了，仿佛忘记了自己才是有身高优势的一个，反而想把球传给侧面的孙浩钦，结果出现失误，带来了士气的此消彼长。可以说，郭艾伦本场比赛真正体现出了一位球队领袖的价值，带领辽篮走向胜利。

但走下赛场，郭艾伦却不愿意在镜头前展示自己的伤口，或许在他看来，这都不算是伤。面对记者们的提问，他轻描淡写地说："就是擦破点皮，那也不能因为这就不上场了呀。"

从2010年开始，郭艾伦基本上每年都处于"连轴转"的状态，鲜有休息的时间，身体超负荷运转，伤病越来越频繁地找上他。打篮球戳到手指是常有的事，但像郭艾伦十根手指的关节都不同程度存在肿胀，最严重的手指已经变形，这种疼痛已经超过了常人的忍受程度。2021—2022赛季1/4决赛与北京队的第一场比赛之后，郭艾伦的父亲在场边为他按摩，手从冰袋上拿下来的时候，郭艾伦疼得龇牙咧嘴："爸，你不知道有多疼。"

2022—2023赛季，郭艾伦一直拖着一条伤腿在打，与广厦队的半决赛首战，郭艾伦出战41分钟，左大腿的拉伤加剧，外籍训练师在场边为他按摩的场面，让球迷揪心不已。半决赛G2，郭艾伦在一次救球时拉伤了另一条腿，双腿肌肉拉伤，这是无论如何无法坚持的伤病。在半决赛G3的赛前训练上，郭艾伦还是做了一些简单的投篮和跑动，等结束训练坐到座位上，在场所有人发现，郭艾伦两条大腿都缠着厚厚的冰袋。从场边到更衣室，正常情况下只要十几秒就能走到，郭艾伦却用了几倍的时间，因为每挪动一步都很艰难。即便这样，郭艾伦还跟我们开玩笑，说看我像不像变形金刚。

14年的职业生涯，郭艾伦早已伤痕累累。每一处伤痕，对于郭艾伦来说都像是一枚勋章，记录着他从一个青涩的篮球少年成长为独当一面的超级球星的历程。同样，这也是他为辽宁篮球卓越贡献的见证。

4.篮球圈的偶像"顶流"

"见过相声有返场的，没见过CBA总决赛也有返场的。"这是球迷对郭艾伦那个著名的深夜球局的调侃。在2022—2023赛季总决赛第四场之后，参加完夺冠庆功宴的郭艾伦感觉"不尽兴"，直播里喊话，邀请没抢到票的球迷来奥体和自己打球，当作是补偿。

去球场的路上，郭艾伦遇到了一个穿着拖鞋骑电动车的球迷，球迷跟他打招呼说："伦哥，一会儿电动给我干没电了，去个近的地方啊。"郭艾伦非得让这位球迷脱掉外套，看看穿的是不是自己的球衣，然后一本正经地说："一会儿打球算你一个，但是你太胖了，只能做我的对手。"这样的对话，完全不同于人们刻板印象中的"偶像"和"粉丝"的交流方式。

郭艾伦对自己的定位是"我是篮球圈里面最可爱的"。虽然有点"自卖自夸"的嫌疑，但他的定位大体还是比较准确的。就拿和媒体的关系来说，郭艾伦让记者们"爱恨交加"，一方面，郭艾伦一般情况下有问必答，而且永远能答出不一样的东西；但另一方面，这么多年来，郭艾伦总能把媒体带到属于他的话语体系里，记者的话题很容易就被他"带跑偏"了。

比如在2022—2023赛季夺冠之后，在更衣室里被问到今年夺冠跟2018年夺冠有什么不同时，郭艾伦就开启了自己的"废话文学"："2018年夺冠是2018年，今年2023年，时间不同吧。"真是"听君一席话，如听一席话"。记者还不甘心，又问："有什么不同的感觉吗？"郭艾伦说："不同感觉就是2018年那个时候，自己比现在小5岁，5年过去了，现在比那时候大了。"记者彻底被他打败了。

除了"可爱"之外，郭艾伦另一个对自己的"迷之自信"的地方就是颜值。"大漂亮"和"帅伦"是他最喜欢别人称呼他的名字，与主帅杨鸣参加辽宁电视台春节联欢晚会录制时，郭艾伦面不改色地说他与杨鸣是整个辽宁最帅的两位，当场就给杨鸣整不会了。

2020—2021赛季，郭艾伦当选CBA全明星票王，郭艾伦这样解读"票王"：
"票王的意思就是漂亮之王，是我最漂亮的意思，大家来欣赏我的盛世容颜的。"
在一次活动中，主持人问郭艾伦觉得自己是不是队内最帅的，郭艾伦一本正经地
说："这个问题有点儿小瑕疵，队里面一共才几个人啊，你得问我整个亚洲能排第
几？"后来他在微博"自曝隐私"，说有机构找到他，想把他列入今年最帅的亚洲
100人，而郭艾伦则自信地表示100人有点多，前10行不行。

2022—2023赛季辽篮夺冠之后，郭艾伦在更衣室里语出惊人："我在球队人缘
很不好。"记者都被吓了一跳，难道还有意外收获？但接下来郭艾伦的话又"一秒
破功"："他们都嫉妒我的人格魅力，尤其是颜值。"还是"熟悉的配方，熟悉的
味道"。

郭艾伦和队友的互动，也是人们津津乐道的话题。他说最喜欢揉大韩的胖脸，他和贺天举的一首《内蒙古黑怕》红极一时，他和高诗岩更是"相爱相杀"，各种搞笑的互动能出一个视频合集。在那个赛季辽篮夺冠之后，郭艾伦搂着赵继伟玩起自拍，看到直播中网友说"双子星"是辽篮最大的CP，郭艾伦自嘲道："可惜了，他有老婆了。"赵继伟二话不说，在郭艾伦脸上结结实实地亲了一口。回到更衣室，有记者问："继伟为什么亲你？"郭艾伦面不改色心不跳："我长得好看呗！我不是大漂亮吗？男的也稀罕我。"

2023—2024赛季总冠军颁奖仪式上，一直在直播的郭艾伦拍了拍赵继伟："弟弟，你是最累的那个，不好意思呗。"拥抱之后，郭艾伦说："我得跟我兄弟说声抱歉，一点忙没帮上啊。"赵继伟回应说："你是精神支柱。"郭艾伦虽然在笑，

但话语让人有些心酸："我没办法，一点办法都没有……""双子星"双手紧握，四目相对，一切尽在不言中。

球迷眼里的郭艾伦，同样非常可爱。李松华会专门为每一名辽篮主力制作标语，为郭艾伦制作的标语是"任性到底"。"他是一个真实的优秀运动员，在场上每球必争。在国家队的时候，我们专门去北京支持他。我记得很清楚，他是最后一个出来，和我们打了招呼，能看出来，他的膝盖伤很严重，即便那样他也没说过放弃。"老李说，"郭艾伦有时会开设训练营，教孩子打篮球。有一次我从早看到晚，艾伦的动作非常认真，毫无保留，而且对每个孩子提出的问题都保持耐心，一一解答。"老李说，像郭艾伦这样能对孩子这么认真的球员，不多。

絮絮叨叨举了这么多例子，其实就是为了说明，虽然属于篮球圈的"顶流"，但郭艾伦没有太多的"偶像包袱"，他是真的想给大家带来快乐。就像2023年6月周杰伦的演唱会上，他实现了在几万人演唱会上唱歌的梦想，唱了一曲全程跑调的《稻香》。

尽管网友纷纷留言"唱得很好，以后别唱了"，但没有人会真的取笑他。用郭艾伦自己的话说，"我就是做我自己。不管在场上还是场下，怎么开心、怎么真实就怎么说，没有什么伪装和刻意"。也正是因为如此，球星和"网红"两种看似风马牛不相及的人设，在郭艾伦身上得到了完美的统一。

5. "我的故事还要讲很久"

对于郭艾伦来说，2022—2023赛季并不完美，因为伤病让他错失了半决赛和总决赛最关键的5场比赛。但人们不会想到，和接下来的一年相比，其实这还不算是太糟糕。

2023年夏天，郭艾伦度过了进入辽篮一线队以来最轻松的一个暑假。国家队没有征召，让他可以把更多的精力放在伤病恢复上。"除了有一个赛季受过一次伤，

之后就没有了。但这个赛季是我缺席最多的时候，好几处有拉伤的情况。冬天累积的伤痕，就得用夏天来恢复。我的腿恢复活力之后，我会回到非常灵活、自由，在场上想跑到哪就跑到哪的感觉。我需要那种感觉，需要那种自由。"彼时的郭艾伦，对下赛季充满了憧憬。

可天不遂人愿，10月17日，就在距离新赛季揭幕战只有4天的时候，郭艾伦在季前赛的训练中拉伤了大腿。"人生总是充满坎坷。"郭艾伦在个人社交媒体黯然神伤，在评论区和网友互动的时候，更是情绪低落地表示"我的腿完蛋了"。

话是这么说，但天生要强的郭艾伦还是积极恢复，期盼早日重返赛场。而几乎每一场比赛赛前训练，时任辽篮主帅的乌戈都会被问到郭艾伦能否复出的问题，他的回答千篇一律："郭艾伦还在康复过程中，暂时无法出战任何比赛……"

2023年11月15日，在辽篮与天津队的比赛中，杨鸣和吴乃群受邀回到辽宁体育馆，在现场球迷的见证下补领了总冠军戒指。在球员通道中，杨鸣和郭艾伦这对师徒重逢，杨鸣紧紧握着郭艾伦的手，打趣说："腿咋样啊？我看你也没啥事，要不跟我一起解说去得了。"虽然是调侃，但眼神中满是对郭艾伦的关心。

2023年12月29日，广东队为传奇球星易建联举行退役仪式。郭艾伦和易建联私交甚笃，易建联当年的一句"好好打，别再丢了"，寄托着对郭艾伦这位小兄弟的期待。但郭艾伦接受采访的时候开始"抱怨"起他的"联哥"："联哥退役了，很遗憾他的退役仪式没有邀请我，给我俩镜头，让我发表一下看法啥的。希望联哥下回再有什么活动的时候，邀请一下我。"

谁都能看出来，郭艾伦说的是玩笑话。而且，即便易建联真的发出邀请，郭艾伦也来不了——就在广东队在主场为易建联举行退役仪式的同一天，郭艾伦迎来了他在2023—2024赛季的首秀。那场比赛，郭艾伦得到13分、8次助攻，辽篮97：85大胜。而福建队也并非毫无收获，拜郭艾伦复出所赐，他们迎来了当赛季上座率最高的一个主场。

接下来的2024年"元旦大战"，郭艾伦在"联哥"的老东家广东队头上得到13分，一切都在向好的方向发展。可仅仅两天后，在主场与浙江稠州队的比赛中，郭艾伦打了14分钟，只送出一次助攻，就因为大腿不适再也没有登场。当时谁也不会料到，这居然是郭艾伦当赛季在场上最后的14分钟。

随后，郭艾伦就开始了漫长的治疗和恢复。队友也非常牵挂他，韩德君说："好好治疗，等你回来，还想和你配合呢……你哥挺不住了，膝盖一天比一天疼。"郭艾伦在个人社交媒体上晒出了两人的聊天记录，配文是"从来不讲感情的两个人，开始玩抒情了"。

2024年2月底，郭艾伦抵达西班牙，进行了干细胞注射手术。整整两个月之后，郭艾伦回国，但那个时候季后赛已经进行到半决赛阶段，头脑冷静的人都很清楚，郭艾伦已经不可能在这个节点复出了。

虽然没法上场打球，但这并不妨碍郭艾伦成为焦点。在"辽粤大战"第一场赛前，郭艾伦甫一现身辽宁体育馆，马上迎来山呼海啸般的欢呼声。赛后在球员通道，辽篮球员都婉拒了采访，记者们便"抓住"郭艾伦。看到球队赢球，郭艾伦心情不错，也就在镜头前侃侃而谈，只是他说话还是那个风格："我发现队友每个人都变得更强了，我压力很大，感觉回来都打不上球了。"末了，他还感谢记者："谢谢你们问我这些问题，让我找找采访感觉。"

夺冠之夜，郭艾伦扮演了"记者"的角色，在更衣室全程直播。他首先把镜头对准韩德君："君哥，你可别退役，明年等我回来还得给我挡拆呢。"接着又跟边上的李晓旭说："二哥，你也是，你俩一个挡拆之后外弹，大号两分；一个挡拆下顺，都等着我啊。"

走到付豪跟前，郭艾伦问："G4狂砍多少分？"把付豪问得不好意思了："没多少分。"当面对张镇麟的时候，郭艾伦显得格外"心疼"："全场最累的是我弟，金金我这么跟你说，防守方面，所有的外援都给顶住了，绝对是外线防守第一人。"随后他又向张镇麟发出邀请："我的梦想是夏天和金金打一次一对一。"张镇麟马上答应："行，我看我能防下来几个，交流交流。"

"对不起"是辽宁男篮实现三连冠后，郭艾伦总挂在嘴边的三个字，他和教练这么说，和队友这么说，等全队乘坐飞机返回沈阳，面对数千名前来接机的辽宁球迷，当全队都已经致谢完毕登上大巴，郭艾伦还是在跟球迷不住地说："这回啥也没干，有点对不住大家了啊，我下回继续努力，对不起大家，对不起！"话语中一半是歉意，一半是不甘。

2023年11月14日，郭艾伦度过了自己的30岁生日。自从进入一线队以来，这是他第一次在养伤中过生日。郭艾伦在个人社交媒体上充满深情地写道："感受到了大家的爱，生日愿望是我的故事还要继续讲很久。"而这，也是所有喜欢郭艾伦的人的愿望。

6.纯粹的热爱

喜欢郭艾伦的人很多，但质疑他的人同样不少。人们开玩笑说，郭艾伦打球时而合理，时而"上头"，让观众在"哎呦，这球太漂亮了"和"我去，这也能失误"之间不断切换。曾有业内人士感慨，像郭艾伦这种美式风格的后卫，在中国能打出来真的太不容易了。比如小时候在体校，后卫的任务一定是组织进攻，把传球放在首位。如果没有按照教练的意图自己干，结局多半是把板凳坐穿。

有多少人爱，就有多少人恨，郭艾伦就是这样充满话题性的明星人物。但这也意味着，郭艾伦需要承受巨大的压力。在代表辽宁男篮首度夺得CBA总冠军之后，郭艾伦在更衣室里失声痛哭，人们都以为他是喜极而泣，但郭艾伦断断续续的话却让人感到了莫名的心酸："我天天被人质疑，没人说我好，我的球队也总是被质疑，我也不知道为什么。我觉得我一直在忍，终于忍到了今天，我拿到了全运会冠军，拿到了CBA总冠军，我不知道大家还能对我说什么。"人们这才意识到，在外人面前永远是一副嘻嘻哈哈模样的郭艾伦，身上背负着何等沉重的压力。

这种压力足以摧垮一个人，除非他有着极其坚定的信念。对于郭艾伦来说，这个支撑着他的信念就是对篮球的热爱。

有人说，不要把你的兴趣当成职业，这会是一件很痛苦的事，但这句话在郭艾伦身上完全不适用。小学的时候，郭艾伦写过一篇题目叫《我与CBA》的作文，获得了辽阳市小学生作文二等奖，郭艾伦妈妈至今一直珍藏着获奖证书和报纸的报道。除了这些，郭艾伦妈妈手机里还保留着郭艾伦第一次扣篮的视频。"艾伦小时候总梦想着像NBA球星一样扣篮，但他个子矮，够不到篮筐，他就自己想办法踩着板凳练。那篮筐都是铁的，每次扣完，手心里都是血道子。"郭艾伦妈妈每每提及

这件事，对儿子的疼惜就溢于言表。

不仅如此，郭艾伦还要在放学后坐一个小时的公交车去体育馆练球，风雨无阻。回忆起当年的情景，郭艾伦妈妈的话很有画面感："艾伦那么小，球都握不住，拍球拍得小手都肿了，手上和脚上都是茧子。"但即便是这样，郭艾伦也从来没有退缩过。或许对于大多数职业球员来说，篮球是一种工作，但对于郭艾伦而言，篮球就是他的生命。

如今，郭艾伦已经随辽宁男篮四度夺得CBA总冠军，如果说哪一次令他最难忘，那一定是第一次。2018年4月22日，当脖子上挂上冠军奖牌，郭艾伦有一种不真实的感觉："主要是有点不敢相信，因为我们从来没得过冠军，当梦想实现的时候，有点不真实。"为了确定不是在做梦，他还特意咬了咬奖牌。在颁奖仪式后的新闻发布会上，每个人用一句话总结自己的感受，郭艾伦借着酒劲真情流露："我不知道你们最荣耀的时候是哪一天，我这辈子，就是今天！"

无论场上还是场下，郭艾伦让人们真正体会到什么叫作热爱篮球。他对篮球的激情来自自己真实的内心。他率真直爽，敢打敢拼，刚毅勇猛，没有弯弯绕绕，说话从不遮遮掩掩，也不会兜圈子，夸夸其谈。

如今郭艾伦身上的那种少年气，是历尽千帆举重若轻的沉淀，也是乐观淡然笑对生活的豁达。对于普通球迷来说，郭艾伦不是一个高高在上的明星，而是一个有血有肉的年轻人。某种程度上，人们对郭艾伦那种发自内心的喜爱，正是因为大家在他身上能看到自己的影子。

第六章　黑土地的守望者

2024年5月22日，当全场比赛结束时，场上的辽宁球员振臂欢呼，替补席的教练相互击掌，看台上的辽宁球迷狂热呐喊，韩德君则与李晓旭紧紧相拥在一起，泪水在眼眶里打转。辽篮能够实现三连冠伟业，"玄冥二老"的发挥起到了定海神针的作用。

与新疆队的总决赛四场比赛，韩德君拼尽了全力，膝盖拼至水肿；李晓旭脚踝崴伤后韧带断裂，依旧带伤出战。此前，两位老将已经帮助球队拿到了三个总冠军，但胸前的"辽宁"二字始终在激励他们不放弃，他们用"油箱里"所剩不多的"油"为家乡人民和家乡体育事业的发展贡献自己的力量。

1.一个绰号

2008年，美国影片《功夫熊猫》上映。那一年，辽宁男篮阵中多了一位名叫韩德君的年轻中锋。资历老一些的球迷大概都会记得，那个时候的韩德君是球队的"吉祥物"。当韩德君出场的时候，比赛多半已经进入"垃圾时间"。每次韩德君在低位得球背身单打，营口鲅鱼圈体育馆的球迷就会进入异常兴奋的状态，全场高喊"打一个！打一个！"。当韩德君把球打进，队内两个外援基摩·桑普森和奥德

捷就会在场下又蹦又跳，比拿了冠军还高兴。

　　人不可貌相，这位看上去憨态可掬的年轻人不仅是辽宁男篮队史第一位大学生球员，而且曾经是CUBA的"第一中锋"。在代表武汉理工大学征战CUBA的三年间，韩德君场均可以砍下15.8分、15个篮板和1.8次盖帽。据说，韩德君在一场央视直播的CUBA比赛中被当时辽宁男篮盼盼俱乐部董事长韩召善一眼相中，就此得到了第一份职业球员合同。但彼时恐怕很少有人会想到，韩德君能取得今日的成就。

　　韩德君职业生涯的转折点出现在加盟球队的第三年，2009—2010赛季，辽篮迎来队史第一位外教——立陶宛人威斯维拉。虽然威斯维拉在辽篮只待了短短几个月，但韩德君正是在这一时期从末位替补逐渐成长为主力中锋。人们发现，这个灵活的胖子与《功夫熊猫》的主角阿宝有几分相似，"功夫熊猫"此后就成为韩德君的专属绰号。

　　对于这个绰号，无论球迷还是韩德君本人都非常认可。一方面，韩德君长相讨喜，风度极佳，他是CBA第一个每次下场都要向观众席鞠躬的球员，球迷眼中的他就像国宝熊猫一样可爱；另一方面，球场上的韩德君不仅有真功夫，更有一股舍我

其谁的霸气。2017—2018赛季总决赛第二场，杭州球迷用"千年老二"代替了加油助威的口号，开始只是几个人喊，后来是全场喊，他们以为这样可以干扰到辽篮球员的心态。

"他们喊的那些，我不爱听。"事后回忆起那一幕，韩德君的眼神犀利得能"刀"人。韩德君说，常规时间临近结束，在接到哈德森传球打进并造成对手犯规的时候，他已经拼到虚脱，连站在罚球线上的力气都没有了。"但他们一个劲儿地喊，真的刺激到我了。我心里就想着一件事，这个球我必须要罚进，因为他们喊得我实在是太不爱听了。"那场比赛，韩德君打了41分钟，顶着广厦体育馆漫天的嘘声和"千年老二"的嘲讽砍下22分、10个篮板，帮助辽篮带着2∶0的总比分回到主场，这才是最有力的回击，最解气的"打脸"。

在CBA以赛会制形式进行的第一个完整赛季，辽篮与山东队相遇，与韩德君对位的是"小鲨鱼"陶汉林。我在场边亲眼看到了一个非常有趣的画面——陶汉林接到队友的突破分球，想在韩德君头上完成一次潇洒的暴扣，结果被37岁的韩德君单手把球摁了下来。在把球传出去之后，韩德君回头看了一眼正躺在地上怀疑人生的陶汉林，留下一个轻蔑的眼神，潇洒地扬长而去，仿佛在说：年轻人，你还得好好练。

2.一个篮筐

成名之后，韩德君很少提及他的成长经历。但在10岁那年，父亲亲手为他做的那个篮筐，却是他内心深处最柔软的部分。

1987年，韩德君出生于辽宁省大连市的一个农村家庭。小时候韩德君个子要比同龄孩子高一些，非常喜欢玩篮球。但是农村的条件有限，很难找到像样的篮筐。于是在韩德君10岁那年，他的父亲在自家院子里，亲手为他制作了一个简易的篮筐。虽然非常不正规，但小韩德君非常喜欢，而且还邀请很多村里的小朋友

都来一起玩。

　　"当时是在我家牛圈的上面，我爸用砖头砌了一面方形墙，又到学校的操场，照着那里的篮筐量了一个直径，可能也不是很准，然后用铁丝做成篮筐焊在墙里，花了很大的工夫，我现在一直还记得，这是我人生中第一个篮筐。这篮筐非常简单，当时也没什么好材料，就是铁的，很快就锈了，篮网也破了。前面的篮球架其实就是墙了，上篮不敢太使劲儿，不然就容易撞墙上了。旁边那个网，是我爸怕我把球扔到隔壁院子里特意拉上的……"二十多年后，韩德君仍然能够记起当时每一个细节，因为他说这是他童年收到过的最好的礼物。

　　"仅仅是因为看我喜欢打篮球，父亲就花了大力气为我做了这么一个篮筐。"

韩德君说，他能走上职业球员的道路，主要是因为他的父亲。韩德君身高有优势，对篮球更是打从心眼里格外喜爱，父亲都看在眼里，后来终于下定决心，要把他送到沈阳去试一试。而韩德君当时还小，其实并不明白这背后意味着什么。

2000年，家里决定送韩德君学习篮球，姑父借来一辆车开着去沈阳。在路上，韩德君发现父亲在默默擦着眼泪。"我问他为什么哭，他不说。车开了一路，他眼泪掉了一路。"后来当回想起这一幕的时候，韩德君也同样忍不住想落泪，"可能每一个父亲都舍不得自己的孩子离家太远吧。"多年以后，已为人父的韩德君感慨道。

韩德君是一个非常懂事的孩子，他曾在个人的微博上充满深情地写道："小时候记忆最深的就是帮母亲卖草莓，重重的三轮车，每遇到上坡我就要跳下来帮母亲推，在后面看着她被汗沁透的衣衫就觉得自己有无穷的力量，有一天我要为他们遮风挡雨。现在生活好了，母亲还是喜欢收拾她的菜园子，她用行动每时每刻在提醒我，不忘初心。"

或许正是因为这样的成长经历，最终磨炼出了韩德君坚强的性格。在几次遭受足以危及职业生涯的大伤的情况下，韩德君不仅没有被伤病击垮，反而在37岁的时候，以队长的身份带领球队实现三连冠。

3.一句承诺

2013年辽宁全运会期间，韩德君在接受媒体采访时说了这样一句话："还没能帮助辽宁拿过一个冠军就结婚，那我多对不起辽宁的球迷啊。"这句话传着传着就走了样，最后变成了韩德君"不夺冠就不结婚"的承诺。

虽然韩德君本人对此不置可否，但随后几年，辽宁男篮在全运会和CBA三度与冠军擦肩而过。作为主力中锋，韩德君即便是早已与妻子领证，即便是儿子出生，却迟迟没能举办婚礼。韩德君也有些犹豫：一直等下去也不是个事儿，万一直到退

役也没拿到冠军，那该怎么办？

其实，韩德君并非不重视家庭，只是这个冠军是所有辽宁篮球人的一个心结。在2017年首夺全运会成年组男篮金牌之前，辽宁男篮在CBA和全运会连续输掉了10次决赛。十进决赛却没能拿到哪怕一次冠军，已经成了横在几代辽宁篮球人心里的一根刺，时不时地还要被别人特意把伤口扒开羞辱一番。

在实现"零的突破"之后，我曾与时任辽篮主教练的郭士强单独坐在一起深聊了一次。时隔20年，郭士强回忆起1997年八运会决赛失利之后，那种痛彻心扉的感觉仍是让我感同身受，哪怕当时他们输给的是篮坛"巨无霸"解放军队。为了能摆脱"千年老二"的屈辱，辽宁篮球人身上都背负着一份"匈奴未灭，何以家为"的悲壮，韩德君也不例外。

好在妻子非常理解韩德君，她的温柔体贴成了韩德君前进的动力。而命运也没有辜负韩德君夫妻多年的坚守，继全运会夺冠之后，2018年，辽宁男篮终于拿到了梦寐以求的CBA总冠军。在欣喜之余，人们也都好奇，终于到了兑现承诺的时候，韩德君会送给妻子一个怎样的婚礼呢？

然而，好事多磨，因为国家队征召，以及想亲自设计婚礼送给妻子惊喜，韩德君"大婚"又推了一年。2019年，在儿子5岁的时候，韩德君与妻子举办了婚礼，并且由儿子为他们送上婚戒。大韩向妻子跪地求婚，表白说："我对你的承诺实现了！"

韩德君的这场婚礼话题不少，郭艾伦、赵继伟、高诗岩、刘志轩担任伴郎，这大概是中国篮球界人气和身价最高的伴郎团。而与韩德君私交不错的广东男篮俱乐部总经理朱芳雨、主教练杜锋和队长周鹏也悉数来到婚礼现场，这给"辽粤争霸"提供了新的素材。在婚礼现场，韩德君走上舞台中央即兴发言，给坐在下面的朱芳雨和杜锋"下战书"："明年我们还要冲击冠军，你们准备好了吗？"大家都笑着给他送上了热烈的掌声，这句话既充满幽默感，又体现出了韩德君不服输的劲头。

在篮球圈，韩德君是公认的顾家好男人。在休赛期，韩德君几乎把所有的时间都放在了陪伴家人上。妻子曾在个人社媒晒出了韩德君遛娃的短视频，一家人其乐融融，羡煞旁人。"有了孩子确实给我的生活带来很多改变，最重要的是我更加努力地去训练，更加努力地去打比赛，因为我意识到自己身上的责任更重了一些。"韩德君这样说道。

在2022—2023赛季夺冠之后，韩德君忽然变身"直播达人"。"我的性格比较内向，是一个不太喜欢去表达自己的人。之前我觉得生活、工作中，自己不需要去多说，只要用实际行动去做就好了。兑现诺言，把事情做好了就行。不过，作为公众人物，有些事情只做不说，可能真的会有不少人不理解，所以，我决定利用网络直播说一说自己的心里话。在网上和队友、球迷、朋友们畅所欲言，感觉直播是一个很好的减压方式，还能锻炼口才和思维能力，真是大有益处。"韩德君如此解释。

为什么选择夺冠后的这段时间进行直播？韩德君表示："其实，上赛季就有这样的想法，不过，球队在前两个赛季都是第二名，感觉时机不太好。前两个赛季与总冠军擦肩而过，全队都挺遗憾，我的状态也不太好，有一些人质疑我，当时我就想向大家解释。今年终于夺冠了，能用胜利者的心情去和大家交流，肯定会好很多。"

韩德君的连线人群非常广泛，像杨旭、陈星等原辽足球星也纷纷给他捧场。直播中，大韩在陈星的鼓动下，两人还跳起了当时流行的《本草纲目》毽子操，引来大量网友围观。而针对很多球迷提出的焦点问题，韩德君总会耐心解答。球迷表示非常关心周琦能否回归辽篮，韩德君特意与周琦本人进行了连线，确实是一个很贴心的主播。

韩德君妻子在社交媒体上也很活跃，她经常会晒出一些"小韩"的日常，和韩德君形成呼应。比如2023—2024赛季夺冠后，韩德君妻子发布了一段视频，里边她与儿子一问一答。"你想让爸爸退役不？""不想。""为啥？""我想让爸爸一直打。""你想看？""不是。""那是啥呀？""爸爸一直打，不回家，这样家里就没人打我了！""……"

小韩说的是真的吗？韩德君妻子在评论区置顶："那个……偶像真不打孩子，一个眼神就够杀伤力了。"

4.一份责任

2019年夏天，杨鸣结束了自己15年的职业生涯，这也意味着，辽宁男篮将产生一位新的队长。新赛季开始之前，辽宁男篮官方宣布，韩德君成为继吴庆龙、李晓勇、郭士强、岳鹏飞、刘相韬、边强、杨鸣之后，辽篮CBA队史上第八任队长，同时也是第一位出任队长的中锋。

韩德君能够成为新任队长，并不只是因为年龄，主要还是他那份责任感，非常适合成为队伍"带头大哥"。在球场上，韩德君从来都是球队的榜样，用队友的话说："他非常努力，我们在休息他在训练，我们在吃饭他在训练，我们在训练他还在训练，哪怕是在比赛的休息时间，他都要练练球。"

在辽宁男篮"第四节惹不起"的那段时间，球队经常会排出"一大四小"的阵容，而韩德君每次都会告诉大家：篮板球交给我，你们做好反击的准备就行。2022—2023赛季，辽篮卫冕成功后，赵继伟第一个称赞的就是韩德君："很多球员都有严重的伤病，你看看大韩的腿，里边全是积液。"有这样的队友，谁都会安全感爆棚。

2024年5月11日，辽宁男篮与广东队的半决赛进入决胜场。辽宁队后卫郭艾伦在社交媒体上晒出了一段视频，并且写道："这一刻，希望大家一起给我们辽宁队加油。"这段视频的主角是韩德君，临出场前，韩德君在球员通道中给全队做上场之前的最后动员。队员们相互抱团搂在一起，大韩说了这样一番话："咱们现在正在创造历史，这是篮球历史！我不相信其他哪个球队会像我们这么坚强！这么坚韧！咱们现在要把咱们今后自己的比赛打好！咱们不管输赢，上场必须干！要记住上一场球怎么防守的，这场还怎么防！今天我来喊辽宁队，大家不喊加油，喊'干'！给他们听听，来！"

所有人热血沸腾，"辽宁队，干！"伴随着这一声特殊的口号，辽篮球员眼神坚毅地走向球场。那场比赛无法出场的李晓旭和郭艾伦则站在一旁，为他们鼓掌加油。"大韩是大哥""队长有担当"，这条视频下点赞最多的网友评价，是对韩德君极大的认可。

作为队长，韩德君不仅在场下鼓舞士气，球场上更是真正起到了带头作用。2022—2023赛季半决赛第二场，郭艾伦的意外受伤导致球队不得不长时间使用"弗格+韩德君"这套阵容。半决赛G2和G3，韩德君场均出场时间接近30分钟，而且这半个小时基本一直是在和胡金秋、许钟豪、李金效的肉搏中度过的。

广厦队进攻战术非常明确，韩德君防谁，谁就拉出来给后卫做掩护，形成小打大错位后，由孙铭徽和小外援去用速度冲击韩德君。没有任何怨言，韩德君在场上

身先士卒，勇往直前。人们总会看到这样的画面，辽篮刚刚完成一次进攻，韩德君像一个后卫一样飞奔回本方罚球区，顾不上把脸上的汗擦一下，就扎好马步，等待迎接对手的冲击。对一名"伤痕累累"的大中锋而言，这是何等不易。虽然气喘呼呼，可眼神没有丝毫的游移，这个时候的韩德君，帅爆了。

2023—2024赛季总决赛，由于莫兰德状态不佳，辽篮内线的重担都压在了韩德君身上。没有任何怨言，韩德君以一己之力打穿了新疆队正值当打之年的内线组合吴冠希和李炎哲。整个季后赛，韩德君场均出战25.5分钟，得到11.5分、7.4个篮板和1次盖帽，投篮命中率高达70.8%。谁能想到，这是一位37岁的老将交出的数据。

鲜为人知的是，尽管赛季没有遇到太大的伤病，但连续征战让韩德君的膝盖一天比一天肿得厉害。但大韩一直没吱声，直到总决赛第四场之前，韩德君才找到赵继伟和张镇麟，说："弟呀，哥真打不动了。"韩德君平时很少这么说话，赵继伟和张镇麟当然知道其中的分量，二人回答也很干脆："放心，哥！"两个小时之后，辽篮在莫兰德停赛、主教练杨鸣被罚出场的逆境中104：95客场战胜新疆队，实现三连冠。"打不动了"的韩德君，在这场比赛出战33分钟，8投6中得到14分、12个篮板的两双数据。

除了球场上的"拼"，韩德君队长的责任感还体现在场下的"暖"。2022—2023赛季在与广州队比赛中，刘雁宇意外摔倒头部着地，出现了短暂的意识不清状态。唯恐耽误治疗的韩德君自己跑到场边的医疗点，抱着医疗箱穿过球场奔向倒地的刘雁宇，脸上布满了焦急和不安。用网友半开玩笑的话说，大韩跑得比回防的时候都快！这个瞬间被场边摄影师捕捉到，注定将成为CBA历史"名场面"。

2022—2023赛季进入季后赛之后，由于大外援莫兰德的归队并且状态良好，第三外援桑普森的出场时间受到影响，很多时候甚至都进不去大名单，再加上桑普森的性格又很低调，存在感降到了最低点。在半决赛决胜场，没有进入大名单的桑普森安静地坐在场边后排，眼神中充满了失落。又是细心的韩德君走过来一把拉起了桑普森，把座位挪到了前排。大韩的用意很明显：即便没有登场比赛的机会，我们也是并肩战斗的兄弟。桑普森非常感动，给了大韩一个拥抱，一切尽在不言中。

那个赛季总冠军的颁奖仪式上，在球队成员颁发手伴礼的环节，领取完球队成员会直接站到领奖台上，但球队总经理刘子庆，球员卢梓杰、马壮、鄢士博没有被叫到名字。又是作为队长的韩德君注意到了这个情况，向四人多次招手示意过来一起庆祝夺冠时刻，还主动把自己的手捧花交给了他们。

在实现三连冠之后，辽宁男篮乘坐的航班抵达桃仙机场，被安排从贵宾出口通行。韩德君一个劲地问工作人员："球迷知道不啊？别让他们白等了啊。"在接机的数千名球迷面前，韩德君取出冠军鼎，满足了球迷愿望之后，马上把获得总决赛MVP的弗格拽过来，示意大家把掌声送给他。担心拍照的记者太多挡住球迷视线，大韩示意大家让开一条通道，把有些腼腆的弗格推到球迷面前，让他举起MVP奖杯，然后和库珀、莫兰德一起带头喊起"MVP！MVP！"让弗格享受到了加盟辽篮三年多以来最崇高的礼遇。

有这样暖心的队长，是辽篮的幸运。

5.一段传奇

"我觉得这个总冠军是对我们多年坚守的回报。在我的心里，为辽宁队打了十几年，我们共同见证了辽宁男篮最好的时候，我心里特别高兴。"2023—2024赛季实现三连冠之后，韩德君在更衣室就畅想起了庆功宴，他说："庆功宴我就喝一丢丢，想多参与一下饭局。"他的"老伙计"李晓旭在边上"补刀"："他一瓶就倒了。"

从2007—2008赛季进入一线队，到2023—2024赛季随队开创三连冠伟业，韩德君为辽篮服役已超过16年。16年来，韩德君9次随辽宁男篮杀入总决赛，共出场31次，刷新了队史纪录。在整个CBA，也仅次于原广东队队长周鹏。除此之外，韩德君在CBA总榜单上也不断迎来里程碑时刻，迄今为止总得分8205，历史第15，全队第二；总篮板5327个，历史第二，现役第一；总盖帽535次，历史第10，全队第一；总两双216次，历史第七，现役第二，全队第一；总场次655场，历史第六，全队第二……对球迷而言，韩德君早已成为辽宁男篮的一座丰碑，他在球队中的地位，不是数据所能衡量的。

在16年里，并非没有球队向韩德君伸出橄榄枝。相反，作为CBA的"稀缺资源"，有不止一家俱乐部为韩德君开出了常人难以拒绝的报价，但重情重义的韩德君始终没有动心。

时隔多年，韩德君这样解释自己当初的选择："我们辽宁队跟其他球队不一样。其他球队可能球员来自五湖四海，但这种情况在辽宁队很少见。我们这批队员从小生活长到大，彼此间的感情更重一些。再加上我是土生土长的辽宁人，在这里

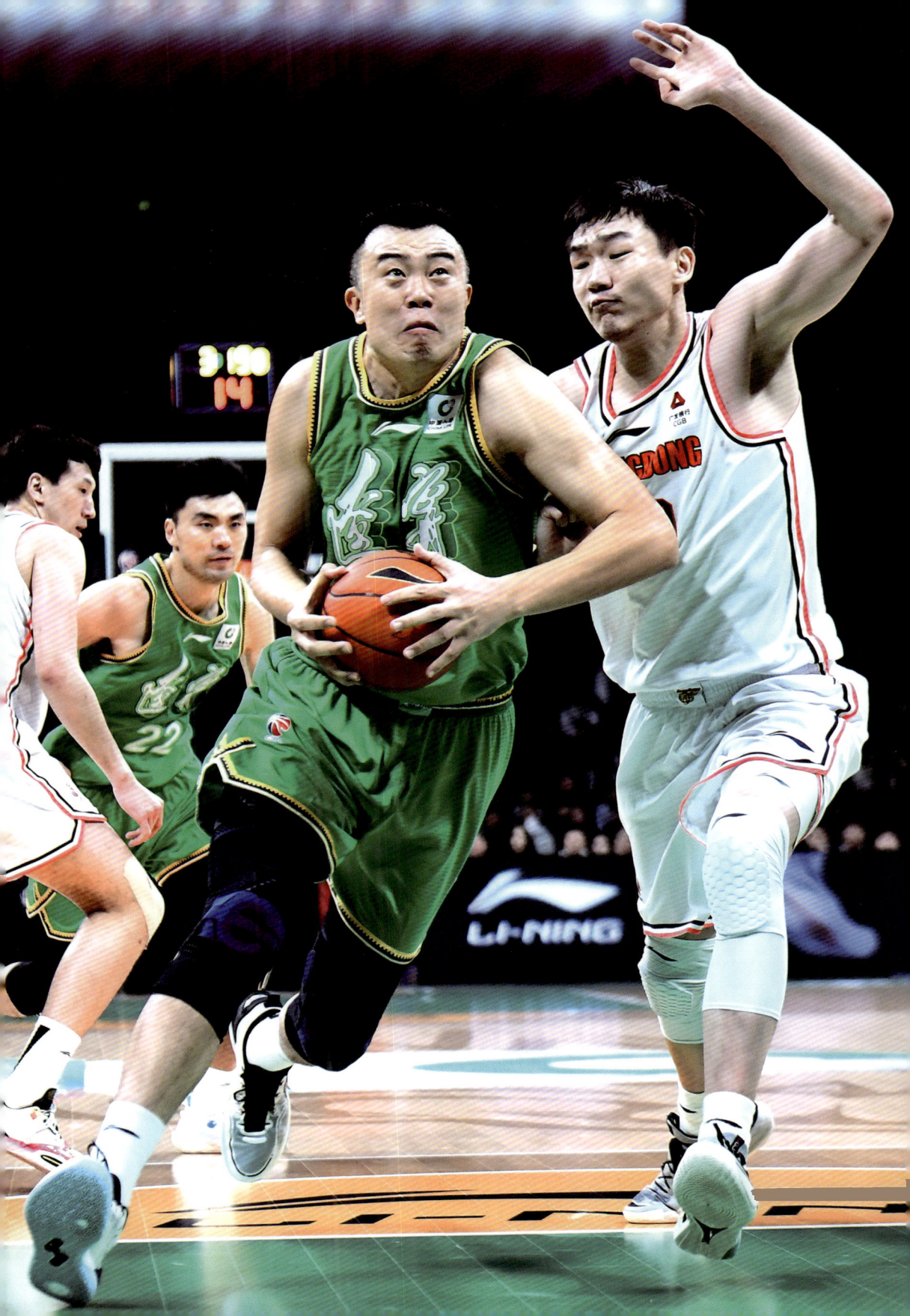

生活多年，我属于比较恋家的人，不太喜欢离开家。而且，领导和老板对我真的特别好。我觉得，感情比钱更重要。我对辽宁队的感情不一样，这些是金钱换不来的，我从来不后悔一直留在辽宁男篮的决定。说心里话，我从未想过自己会离开辽宁男篮。"

不过，在2016年，韩德君面前出现了人生中最重要的一次抉择。之前两个赛季，辽宁队连续折戟总决赛，而韩德君也到了自己的"合同年"，是抓住职业生涯或许是最后一次签大合同的机会，还是继续留守辽篮，兑现为球队夺冠的承诺？当时29岁的韩德君走到了人生的十字路口。

这个时候，又是父亲的意见起到了至关重要的作用。"一年我们父子也就能见一到两次，一个是春节，另一个是休赛期放假能见上面，我不希望他到外面去漂泊，而且这个岁数我希望他能稳定一些。"这是韩德君父亲朴素的想法。在与父亲推心置腹地谈了一次之后，孝顺的韩德君最终与辽宁男篮续约4年，这几乎就意味着选择终老辽篮。完成续约后，韩德君在接受采访时说了一段非常著名的话："我个人认为，钱重要不？确实重要。但对一个人来说，钱到够用的时候，就不需要再多了。"

事实证明，韩德君的选择是正确的。虽然职业生涯几次放弃了出去"挣大钱"的机会，但韩德君为家乡球队四夺CBA总冠军，两夺全运会金牌，赢得了所有辽宁球迷的心，他得到的远比失去的要多得多。球迷老李就充满深情地说："有球迷喊'我爱大韩十年了'，我想，我爱大韩的时间更长，得十五年了吧。"忠肝义胆，情义无双。相信等到韩德君退役的一天，55号球衣必然会悬挂在辽宁男篮主场的上空。

老李说，有人把大韩和晓旭称为辽篮的"玄冥二老"，我觉得不是，因为他们还能打好几年。而韩德君身上似乎也还有用不完的力气，他并不愿意谈论退役的话题："说实话，如果我想退役，想放弃，这很容易。但同时我知道，我承担的不只是我自己，还有辽宁球迷与队友。现在辽宁男篮中锋比较短缺，而我也不想到此结束，我还可以为球队作出贡献。在我退役前，我还想帮助辽宁男篮延长这样的强势状态。"

2023—2024赛季总决赛之后，韩德君透露，在很多年前他与球队老板曾经有个小约定，就是在职业生涯中为球队带来四个总冠军。而现在这个小目标已经实现。"今年夺冠后，我们又发微信。老板说，我们还有更大的目标需要去实现。"为了心中的那个"大目标"，37岁的韩德君仍然壮心不已。

2023年5月15日，在辽宁男篮夺冠当晚的新闻发布会上，没有任何征兆，在回答第一个问题的时候，主教练杨鸣抖出了一个"猛料"："李晓旭第一场比赛里手指骨折，但这个消息没有对外透露，感谢晓旭的坚持。"

"什么？李晓旭骨折了？""骨折了还能抢到那么多篮板？"在场的记者们不由交头接耳，大多面露不可思议的神情，因为在总决赛的第二场，李晓旭可是抢下了15个篮板，其中7个还是进攻篮板。如果这都是在手指骨折的情况下做到的，李晓旭得拥有何等坚强的意志。

但在事后被问到这个话题的时候，李晓旭却只是淡淡地表示："氛围烘托到那了，就感觉不到疼痛了。"其实，让李晓旭能够忍着手指骨折的疼痛为辽篮夺得总冠军，除了肾上腺素和止疼片，更重要的原因是钢铁一般的意志。李晓旭这番话并非有意"凡尔赛"，和他职业生涯此前的遭遇相比，手指骨折这种伤病简直不值一提。

到了2023—2024赛季，当知道4场总决赛，李晓旭都是顶着韧带撕裂的伤病坚持下来的，人们似乎没有感到丝毫惊讶。在李晓旭19年的职业生涯里，"铁血硬汉"四个字早已和他融为一体。

6.最顶级的"蓝领"

在中国篮坛，有两位15岁就迎来CBA首秀的"天才少年"，一位是广东队的传奇易建联，另一位就是辽宁男篮的功勋李晓旭。2005—2006赛季，锐意选拔青年才俊的老师蒋兴权将李晓旭从青年队选入一队。在2005年11月12日上演个人CBA职业生涯首秀的时候，李晓旭满打满算刚过15岁5个月。

在踏入职业篮坛后，李晓旭曾这样回顾自己与篮球的缘起："我爸爸的一个朋友看我长得高，就建议了一下，我爸爸也觉得挺合适，就让我打篮球了，家人都非常支持我。我家里都是鼓励式教育，基本不批评，如果比赛打得不好，我爸爸会安慰我，而我妈妈就比较关心我的身体，经常给我做汤来补营养。对我家来说，我打篮球是让全家都骄傲的事。"

不过，在青年队，李晓旭一度感受到了"魔鬼"的氛围。一场比赛前，一名教练吓唬李晓旭："如果你上去不把球给我赢下来，我就把你的脑袋拧下来。"当时的李晓旭真被吓坏了，还好球队赢了。虽然这件事给李晓旭留下了一些"阴影"，但也在年轻的李晓旭心里打上了一个深深烙印：比赛一定要不遗余力，全力争胜。

从进入一线队的第二个赛季开始，李晓旭的出场时间和各项数据突飞猛进。2011—2012赛季和2012—2013赛季，李晓旭到达了职业生涯的第一个巅峰，那两个赛季中他场均贡献得分和篮板的两双数据，在本土球员中能够做到这一点的屈指可数。尤其是2012—2013赛季，在场均42.3分钟的出场时间里，李晓旭交出了14.8分、12.5个篮板的场均两双数据，得分篮板一肩挑，这几乎就是一个大外援的标准。

在篮板这一项上，场均近13个篮板是他职业生涯的赛季最佳数据，这其中还包括了场均5.7个前场篮板，这同样是他前场篮板数据最为巅峰的一个赛季，在CBA历史上也仅次于姚明和唐正东创造的赛季场均5.9个前场篮板的纪录，自2013年以来，尚未被本土球员超越。到了2023年1月10日，李晓旭还迎来了一个属于自己的里程碑时刻：他以1972个前场篮板成为CBA历史第一人。

但彼时的李晓旭，还没有完全表现出他的全部潜力，人们只是欣喜地发现，这个浓眉大眼的年轻人在篮板方面有着过人的天赋。尤其是在对方篮下，李晓旭仿佛拥有魔力，掉下来的篮板球争先恐后地往他的怀里钻。辽宁球迷不由感慨：我们终于也有了会抢篮板球的顶级"蓝领"。

　　有人调侃说，李晓旭永远不相信队友能把球投进，所以他时刻准备补篮。这当然是一句玩笑，但李晓旭对篮板球的执着是刻在他的篮球血液里的。2022—2023赛季在随辽篮成功卫冕总冠军之后，李晓旭谈起了自己对篮板的认识："对于抢篮板，我觉得就是骨子里的意识。我很早打篮球就是这个特点，抢篮板也是我的第一任务。每次我比赛时，都会以抢篮板为重，球队需要我做好这方面的事情，我觉得自己在球队的定位很准确。"

　　其实，回过头来看，除了个人努力，李晓旭能在短时间内迅速成长，与当时辽篮的处境密不可分。那些年，辽篮在挑选外援上屡屡看走眼，走了不少弯路，甚至出现过在赛季中自裁双外援，用全华班硬扛的场面。所以，李晓旭不仅要防对方的大外援，辽篮实际上也在拿他当大外援在用。"国产魔兽"声名鹊起的背后，不免带有几分悲壮的色彩。球迷们不会忘记，在辽篮最艰难的岁月，是李晓旭默默撑起了辽篮的内线。

7.最强大的"心脏"

在职业生涯的前期，李晓旭就像上满了发条，在俱乐部和国家队之间连轴转。休息？不存在的。在2016—2017赛季之前，李晓旭连续几个赛季全勤，堪称辽篮的"劳模"。但2016年8月31日，因为体能测试中的一次意外，李晓旭被迫停下了自己的脚步。

李晓旭在折返跑中意外受伤那一刻，我也是现场目击者之一。据李晓旭事后回忆："前两轮状况很好，成果也不错，第三轮跑到一半的时候，突然听到'砰'的一声，其实也没感觉到疼，还以为鞋坏了呢。"李晓旭倒地不起，队友廉明跑过去把他背了出来，直到这个时候，包括我在内，大家都没有意识到问题的严重性。当天晚上，确切的检查结果传来：跟腱断裂。阴云笼罩在每个人的心头，人们清楚地知道，这种伤病对于辽宁队和李晓旭本人来说意味着什么。

经过225天的治疗和恢复，李晓旭终于回到球场。尽管场均数据从2015—2016赛季的11.1分、8.7个篮板锐减至5.9分、5.4个篮板，但李晓旭终于捧起了梦寐以求的冠军宝鼎。辽篮的那个堪称完美的2017—2018赛季，是以终场哨吹响的一刻，李晓旭高高把球抛向天空画上句号。一向内敛的李晓旭说，这种感觉有些不真实："从第一次打总决赛到现在，已经十年了。身边老队友离开，新的一批又起来，在我身边经历了很多球员。恍若隔世，一切都过得太快了。所以，有时候，总感觉这个总冠军来得有点太迟了。但现在把冠军拿到了，大家心理五味杂陈，有种说不出来的感受，内心很激动，也很平静。"

"虽然这些年我们遭遇了很多挫折，遭受到外界很多质疑，但我们还是做到了！我们一直都有一颗冠军的心！"李晓旭这番话说的是辽篮，但何尝不是在说他自己。

捅破了总冠军的窗户纸，李晓旭的心态更加成熟，比赛的数据也稳步上升，所有人都认为乌云已经散去，柳暗终得花明。然而，在李晓旭信心满满准备重回巅峰之时，阴魂不散的伤病却再次找上了他。

2020年7月24日，辽宁男篮常规赛倒数第二轮对阵山西队，这本是一场无关紧要的比赛，但令人痛惜的一幕出现了，李晓旭点抢篮板时落地不稳，空旷的场地中瞬间传来一声揪心的惨叫，李晓旭紧闭双眼捂住自己的膝盖，痛苦地在地板上翻滚，双手不断拍打着地面。

在被担架抬出的时候，李晓旭抓住毛巾盖在了自己的脸上，看得出他在抽泣。"我从未见过二哥因为受伤流下眼泪，在所有人心里他都是球队中最坚强的硬汉，上天为何如此不公？这样去对待一位如此痴迷于篮球事业的球员。"队友贺天举在自己的微博上，道出了所有人的心声。用老李的话说，看到李晓旭捶地，屏幕前的球迷都在跟着掉眼泪。

检查结果很快出来了——右膝前交叉韧带严重损伤。李晓旭的室友赵继伟在微

博上写道："合同年意味着什么？意味着你需要有一个好状态好身体作为资本，无论去哪都需要一个好身体，这是前提！所以我不相信会有第二个人会在他这个年纪这个阶段还选择去拼，但是他做了，这就是为什么15岁就开始能为辽篮坚守15年内线的原因。所以昨天的一瞬间我脑袋里浮现的全是这些。回到房间你第一句话跟我说，是福不是祸，是祸躲不过。我真替你委屈，不甘！但是事情发生了也就要像个男人一样去面对。当然男人怎么做不需要我教你，因为我是男人，你是铁人！你的室友等你回来当队友！"

但李晓旭却还安慰赵继伟，开玩笑说自己已经集齐了运动界第一大伤和第二大伤。

在不到4年的时间里，连续遭遇两次足以毁掉职业生涯的重大伤病，命运对李晓旭实在太过残酷。那个时候，很多人都觉得李晓旭很难再回到球场了。作为从2013年就开始跟队的记者，看到李晓旭泪洒赛场的一幕，我在心有戚戚然之余，也不免在心里默默祈祷，希望这不会是李晓旭职业生涯的谢幕演出。

但是，我终究还是低估了李晓旭的坚韧。没有怨天尤人，擦干眼泪的李晓旭在微博上写下了这样一段话："有时候生活就是这么事与愿违，唯一能做的是坦然地面对。短暂的休息，只是为了更好地上路，我的热爱依旧继续。"

李晓旭说到做到，15个月后，2021年10月17日，在与广州队的新赛季揭幕战上，李晓旭重新出现在辽篮的首发阵容中。尽管比赛是空场进行，但观看转播的球迷都不禁为不屈不挠的李晓旭送上掌声。就像人们常说的那样：那些打不倒你的，终将会使你更强大。

2022—2023赛季，手指骨折的李晓旭在总决赛4战一共抢下32个篮板；2023—2024赛季，韧带撕裂的李晓旭在总决赛第四场9投6中得到13分、8个篮板。当一名已经33岁、职业生涯遭遇两次大伤的球员能在如此高强度的肉搏战中交出这样的数据，除了惊叹，人们还能说什么？

三连冠当晚，李晓旭在球员通道又一次泪洒当场，但这次是幸福的泪水。其实，伤愈归来的运动员最难过的就是"心理关"。但这对李晓旭反而不是问题，套用一句名言：李晓旭身体里最强大的肌肉，是他的心脏。

8.最有趣的灵魂

李晓旭给人的第一印象是不苟言笑，似乎很难接近的样子。但事实真的如此吗？李晓旭对自己有个评价："在场上我对比赛认真度比较高，无论什么时候都是比较专注地去打比赛，所以说可能面部表情很少。其实在生活中，熟悉我的人都知道我是一个比较合得来的人，也喜欢和大家一起打打闹闹的，应该说有时候静，有时候闹，属于双子座的双重性格。"

但队友说起来就没有这么客气了，郭艾伦曾经这样评价李晓旭："李晓旭的性格就是一个字'稳'，挺内向的，不怎么爱说话。不过偶尔说两句话，就能够语出惊人，经常把我们雷得外焦里嫩。"

比如说在入队之初，在接受记者采访时，开始一切都很正常，但当记者问到"平时私下里，你算是比较活跃的人吗？"李晓旭面无表情地说："我可能是抽风型的，一般正常的时间比较少。"说完，李晓旭没绷住，自己先乐了。留下记者一脸蒙圈：哪有自己说自己"抽风"的……

还有一次，李晓旭和郭艾伦互相评价对方的特长，李晓旭想了半天，来了这么一句："特长啊……这个……好像……对了！郭艾伦长得帅啊，尤其是跟郭士强指导长得特别像！"

李晓旭的幽默天赋，在2023年的辽宁省文旅产业振兴发展专题文艺演出上得到了充分体现。当时，韩德君和李晓旭这"二老"在宣传片拍摄现场一唱一和，把别人逗得不行。

李晓旭："老蔺你先来！"

韩德君："二老各占一半，我是真老，他是真二！"

当主持人问"二老"是不是互相信任的时候，韩德君和李晓旭的"二人转"继

妻儿是李晓旭前进的动力

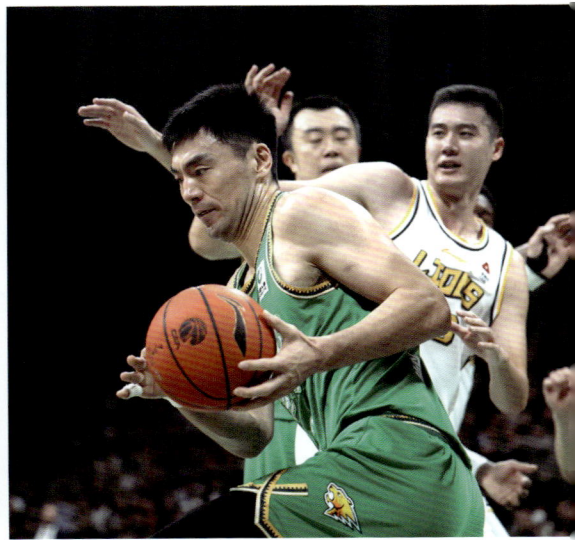

续上演。

韩德君："不对，不对，李晓旭对我们完全不信任，只要我们一投篮，他就去抢篮板。"

李晓旭："你可拉倒吧，你自己心里没点数吗？自己投篮稍微靠谱点，至于我这么费劲吗？对不对？"

互怼归互怼，该干正事的时候，俩人也一点不含糊，配合得"老好了"。

韩德君："俺们辽宁老好玩了，撸串老香了，洗浴老大了，夜市儿老热闹了，辽视春晚老有意思了！"

李晓旭："海鲜老鲜了，草莓老甜了，这里的人老讲究了，辽宁演出老多了，歌迷球迷老铁了！"

韩德君和李晓旭的"相爱相杀"一直为球迷津津乐道，但实际上两人"结怨"已久。在韩德君刚进队的时候，李晓旭和他是室友。李晓旭为什么被叫作"小二"，在韩德君那里有不一样的说法，他觉得李晓旭很迷糊，经常丢三落四，有点"二"，所以才叫他"小二"。说到这，韩德君就进入了"诉苦"模式："我刚到驻地的头三天，就被他两次锁在了宿舍外面。每次出去训练，我还跟他说，'你记得带钥匙，我刚来，还没配'。"结果，韩德君还是经常被锁。

随着球队中的老队员只剩下李晓旭和韩德君，他们俩也得到了一个专属的组合名称"玄冥二老"。实际上，李晓旭虽然比韩德君小4岁，但下赛季就将为辽篮征战整整20年。在随队实现三连冠之后，李晓旭非常诚恳地说了这样一番话："这个冠军对我们每个人来说都是意义不同的，尤其是我和大韩，我俩在球场的时间已经不多了，能赶上这份荣誉，肯定非常高兴。"至于下赛季还打不打，"二哥"的回答非常干脆："君哥让我打我就打。"

对年轻球员，李晓旭也没有老队员的架子。比如"老二大哥"这个称呼的发明者前队友吴昌泽，虽然两人相差10岁，可李晓旭对吴昌泽的一句"C哥，求关注"，瞬间拉近了两个人的距离。

2022—2023赛季夺冠之后，辽宁广播电视台做了一期李晓旭的专访，主持人问他："常年不在家，对你在家庭的地位有啥影响吗？"李晓旭回答："没影响，我家庭地位一直很稳定。"主持人问："一家三口，是稳定在第三位吗？"李晓旭一本正经地回答："也不是，有时候也会到第二位。我觉得我和我儿子是平起平坐吧，可能他有时候淘气讨人嫌的时候，我的地位就会上升一位。这时候赶紧趁机会帮助我往上爬一爬。我和儿子竞争性还比较大，该死的胜负欲还比较强。"看过节目的观众纷纷留言："讲笑话也不笑吗？二哥是怎么做到的？"

虽然习惯了被称为"二哥"，但打从心眼里，李晓旭是不太愿意把自己和"老"沾上边的。"我这个人，看着很老，其实很新。就像一件古董，不懂我的人一看，说这是西周的。懂我的一看，这就是上周的。"李晓旭对自己的认知，显示出他深沉的外表下，隐藏着一个有趣的灵魂。

年龄越大，李晓旭给人的感觉是越通透。他拒绝称自己是文艺青年，但至少在球员里，李晓旭的确很文艺。郭艾伦曾爆料说："李晓旭喜欢养花、养鱼，还养过龙虾，在寝室里总养这些东西，我不太懂这个，不过感觉他养的应该是挺好的，因为都没养死。还总能看到他给换水，换得挺勤的，这点让我挺佩服。"

现在，李晓旭的爱好更多，品茶、拍照等。休假时，他喜欢到远离喧嚣的地方，就连他社媒的签名"如是我闻，心无挂碍"据悉都是出自《心经》。李晓旭也有自己的理由，如今都市的生活节奏太快了，作为运动员更是如此，人们非常需要通过内心的洗涤来放慢自己的节奏。"我们的身体和外在东西都是快节奏，如果内心再跟着快，整个人就太累了，我有时候也会觉得太累了，所以就需要一些心灵的洗涤来帮助自己，放松节奏，缓解压力，享受当下。"动与静，快与慢，紧张与放松，在李晓旭身上得到了完美的统一，他对自己的评价是准确的，他确实是一个"在冰窟里面跳篝火的人"。

9.最朴实的"二哥"

自从李晓旭出现在球迷的视线里，"小二"就成了他的代称。原因其实也很简单，李晓旭在家里排行第二，用他自己的话说："还没有起名字的时候就叫'小二'了。"从小家里长辈都叫他"小二"，这个称呼也一直延续到了辽篮。由于容易记忆且听着亲切，"小二"这个名字很快就在球迷圈传开了。

慢慢的，"小二"熬成了"二哥"。在如今的辽篮，李晓旭虽然不是年纪最大的，却是效力时间最长的。比别人更早进入联赛，李晓旭觉得自己很幸运，毕竟他拥有很多同龄人无法体验的经历。但同时，这也让他陷入了困扰，2016年，李晓旭在一次球迷活动中"大吐苦水"："我这种情况在联赛中还是比较少的，联赛打得早，所以职业生涯比较长，但真正的年龄还没达到老将的标准。正常来说打了11年左右联赛的球员，现在基本应该是30岁左右，再打两年就考虑退役了，而我还在20多岁晃悠呢。我也很苦恼，因为很多人都议论说，李晓旭这么大岁数怎么还不退役啊？我说我退什么役啊？我20多岁就退役啊！"

只是，对于年纪更小一点的辽篮队员，叫"二哥"似乎无法表现出尊敬，于是李晓旭又有了一个新的称呼"老二大哥"。这是源于前队友吴昌泽在接受采访时说的："和我同位置的老二大哥，我对他非常敬重，他对篮板球的嗅觉，还有对篮板球的拼抢，都是值得我去学习的地方。"从"小二"到"二哥"再到"老二大哥"，对李晓旭称呼的变化，折射出的恰恰是辽宁男篮在CBA的沉浮和崛起的历史。

不过，无论"二哥"还是"老二大哥"，在球场上，李晓旭一直是全队最让人放心的球员之一。由于李晓旭并不以得分见长，因此对手在开场阶段，经常会故意放空李晓旭这个点，赌李晓旭投不进，但李晓旭往往会让他们失望，因为他越到关键比赛越准。

2017—2018赛季1/4决赛第一场，辽篮开场就遇到了北京队疯狂的阻击，所有人都陷入了"打铁"的怪圈，除了李晓旭。那一次，李晓旭"杀疯了"，第一节比赛，李晓旭得到11分，占全队得分一半。有一个球，辽篮推反击，李晓旭自己带球过了半场，北京队球员第一反应都不是去拦截，而是去找别人。直到李晓旭接近三分线，都没有人过去对位，急得坐在我身前的一位北京大哥"噌"的一下站起来，指着李晓旭大喊："别放他！别放他！"说时迟那时快，李晓旭手起刀落，三分命中，五棵松体育馆足足有三秒钟鸦雀无声。

李晓旭却面无表情地转身往回跑，好像刚才只是完成了一次投篮训练。

除了"稳"，"老二大哥"也是球队最玩命的一个。2022—2023赛季总决赛G1终场前42秒，浙江稠州队依然有追回比分的机会。大外援赖特投篮不中，双方在篮下激烈争夺，篮板球直接朝着边线飞去，就在人们都等着发边线球的时候，一个黑影以迅雷不及掩耳之势横着飞了过去，等人们缓过神来才看清楚，正是"老二大哥"李晓旭。飞身救球的那一刻，人们仿佛看到了那个15岁的李晓旭。看到"老二大哥"这么拼，辽篮的年轻球员还有什么理由不拼命？

"每个冠军都不太一样，第一次因为大家很渴望，所以内心上很激动。第二次是在球队经历几年起起伏伏后夺冠，也很完美，但当时没有观众，感觉缺了点什么，这个遗憾在今年补上了。"在自己即将33岁的时候，李晓旭帮助辽篮夺得了第三座CBA总冠军奖杯，他说自己的职业生涯没有遗憾了。

一年之后，李晓旭不仅随辽篮夺取第四冠，完成三连冠，而且不断迎来个人职业生涯的里程碑。在CBA历史上，李晓旭出场场次706场，历史第二，全队第一；篮板5174个，历史第三，全队第二；盖帽437个，历史第16，全队第二……虽然已经足够传奇，但人们坚信，李晓旭的传奇故事还没有书写到结尾。"我觉得还是根据自己的身体情况去一步步走，希望一直帮助球队打更长的时间。"李晓旭的回答朴实中透着坚定。

听到这番话，我的思绪又回到了辽篮的夺冠之夜。在辽篮尽情庆祝的队伍里，李晓旭面带微笑地看着狂欢的人群。那一刻，没有人知道他在想什么，或许他耳边又响起了19年前辽宁队主场MC的那句话："他才只有15岁！他叫李晓旭！"

　　2023—2024赛季，半决赛恶斗广东，总决赛击败新疆，常规赛多次砍下三四十分的张镇麟作出了改变。广东外援沃特斯、威姆斯，新疆外援琼斯、威金顿等箭头人物，基本都被张镇麟锁死。他把更多精力投入在防守中，可能个人表现在数据上并不亮眼，但是张镇麟在防守端的作用无人可以替代，这是"成熟男人"最好的体现，为辽宁男篮三连冠立下汗马功劳。

　　在辽篮队内，张镇麟代表的是未来。从张镇麟进入辽宁队的第一天，人们就相信，辽篮的大旗早晚有一天是要交到他的手上。在CBA的四个赛季，张镇麟一步一个脚印，不断兑现着他的天赋，也让人们对他有了更高的期待："鹏翅有时腾万里，也须飞过九重天。"

1.锋线"答案"

　　把时钟拨回2020年夏天，那个时候的辽宁男篮正经历着"至暗时刻"。尽管在前一个赛季跌跌撞撞地杀入了总决赛，但阵容和年龄结构上的硬伤已经让人不得不直视：五号位没有轮换，韩德君场均出场时间达到几乎追平职业生涯最高的32.5分钟；四号位后继无人，在李晓旭受伤和巴斯无法归队的情况下，辽篮在四号位是用

贺天举+王化东的组合撑下了整个季后赛；至于三号位，还是阵容中的"天坑"，其他球队总是不断地利用第三高度大打小来"惩罚"辽篮。网络上一些悲观的论调甚至认为，辽宁男篮恐怕未来很长时间无法威胁到广东队在国内篮坛的统治地位。

这个时候，张镇麟的出现让辽篮如同久旱逢甘霖。2020年9月，在美国打了两年NCAA联赛的张镇麟归国加盟辽篮。在CBA的首秀中，他就得到13分、11个篮板的两双数据。整个赛季，张镇麟出战62场比赛的59场，场均32.2分钟，得到13.5分和5.7个篮板，完全不像是一名新秀。

正是因为张镇麟挺起了锋线的"脊梁"，辽篮重新焕发出活力，再次打进总决赛。在此过程中，张镇麟表现非常抢眼，尤其总决赛第三场常规时间最后时刻，在队友罚篮不中的情况下，他神兵天降补篮得手，为辽篮扳平比分，将比赛拖入加时赛，只差一点就从广东队手中夺回总冠军。

也许旁人会对张镇麟出道就有如此的表现感到惊喜，但对于我来说，张镇麟有如此高的起点并不意外。张镇麟是真正的"将门虎子"，他的母亲王芳不仅是辽宁女篮名宿，更是中国女篮在1992年奥运会和1994年世锦赛连夺银牌的主力。有母亲的言传身教，张镇麟的起点远非一般人可比。

在美国，张镇麟面临过很多困难和挫折，作为母亲的王芳一直是他坚强的后盾，默默地支持和鼓励着张镇麟。在加入CBA的第一个赛季，有记者问张镇麟："你母亲教过你打球吗？因为感觉你投篮很准。""这其实教不来，还得靠自己练，不过现在我还没有练到她那水平，她是真准。"说起自己的妈妈，张镇麟脸上满满的都是自豪，在"真准"两个字上加了重音。

成年之后，张镇麟身高达到2.07米，身体素质非常出色，是一名标准的锋线球员。在加盟辽宁队的第一个赛季，张镇麟几乎每场比赛都会贡献暴扣的精彩镜头，出众的核心力量和弹跳能力显露无遗。而在NCAA杜兰大学曾经被主教练安排打五号位的经历，也让张镇麟进一步强化了身体对抗能力。对于辽宁男篮来说，这都是"雪中送炭"一般的存在。

　　在美国读书的时候，张镇麟每年夏天回国都会和辽篮一起训练，并且参加球队的热身赛。从热身赛中不难看出，张镇麟是一个持球锋线，属于球星打法。不过，在辽宁男篮，球队并不需要他持球，因此在进队之初，张镇麟主要是三四号位摇摆，"哪里需要哪里搬"。原本四号位人员短缺，张镇麟就和吴昌泽在四号位轮换。在付豪加盟后，张镇麟才逐渐固定在自己最熟悉的三号位上。

　　前两个赛季，在大多数时间扮演"3D"球员的基础上，张镇麟在关键时刻也有着2021—2022赛季1/4决赛第二场以一己之力与山西队双外援菲尔德和西蒙斯在进攻端对飙、半决赛第三场面对广东队三分球10投6中这样的高光时刻。曾目睹过球队在锋线被李根、张春军、周鹏和任骏飞轮番"蹂躏"的辽宁球迷不禁泪眼婆娑：风水轮流转，我们终于等来了辽篮的锋线"答案"。

只要时间允许，母亲王芳都会到现场为张镇麟助阵

2.勇挑重担的未来领袖

2022 : 2023赛季，辽篮蝉联了总冠军。如果说那个赛季辽篮最危险的时刻，毫无疑问是半决赛第三场之后。当时，总比分1 : 2落后的辽篮即将在杭州迎来G4。看到有机会在自己主场终结这场系列赛，广厦队一定会想尽一切办法拿下本场比赛，辽篮扳平比分的难度可想而知。

更重要的是，在G2和G3，弗格已经在进攻端倾尽全力，但所谓单丝不线，孤掌难鸣，浑身是铁打几根钉。在郭艾伦受伤无法出场，赵继伟也被对手重点照顾的情况下，辽篮迫切需要一个国内球员站出来担当主攻。这个人只能是张镇麟。

然而，在之前辽篮输球的两场比赛，张镇麟的发挥并不尽如人意。G2，张镇麟16投3中，得到9分、7次助攻；G3，张镇麟17投4中，只得到10分、8个篮板。换句话说，在这两场比赛中，张镇麟一共26次"打铁"，平均得分甚至没有上双，这不是

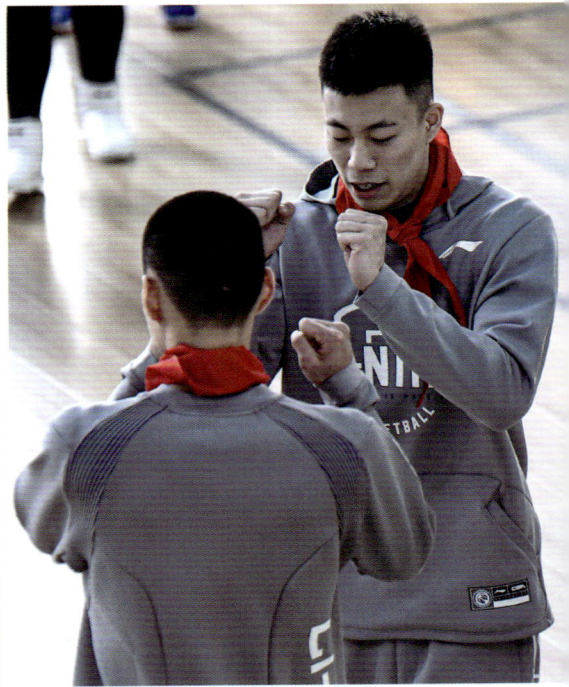

他真实水平的体现。在比赛中，张镇麟总是表现得瞻前顾后，效率很低。这不禁让人多少有些担忧，在这种关键时刻，只有24岁的他到底能不能挽狂澜于既倒，扶大厦之将倾？

张镇麟没有让人失望。半决赛G4打响，在试探了一节之后，张镇麟从第二节当仁不让地接过球队进攻大旗。和前两场一直飘在外线投三分不同，张镇麟不惧对抗，开始利用空切和反击频繁冲击对手篮下。在一次反击上篮中，对手防守中打到了他的头，裁判哨声稍微慢了一些，张镇麟情绪十分激动地冲过去和裁判理论。在我现场观看张镇麟的比赛中，这还是第一次，也从一个侧面反映出他极强的进攻欲望。

不过，半场辽篮还是落后8分，但张镇麟的心态非常平和。因为他知道，"如果当时要赶紧去追回比分，可能会给自己造成更多的压力，反而会对比赛的胜负有影响"。下半场才是真正的决战时刻。

第三节，张镇麟的爆发很快打破了比赛的平衡，他先是反击中暴扣打停对手，让辽篮士气大涨，接着又造成与他对位的朱俊龙六犯离场，胜负的天平向辽篮这边偏转。到本节中段，辽篮领先优势已经超过20分，而广厦队因伤下场的胡金秋

无法重返赛场，比赛的胜负彻底失去悬念。在那个夜晚，那个头戴金冠、脚踏七彩祥云前来拯救辽篮的盖世英雄，名叫张镇麟。

正因如此，杨鸣也特意把张镇麟带到了赛后的新闻发布会上。我问了张镇麟一个问题："这场比赛你的进攻一直很坚决，怎么做到的？"张镇麟很坦诚地回答说："前面的几场比赛，自己心态出现了起伏，在进攻选择上确实有些犹豫，虽然只耽误一两秒，但机会稍纵即逝。本场比赛前，杨导鼓励我们要敢于出手，勇于承担责任。"

尽管总有球迷开玩笑说，张镇麟常规赛有时像是打"养生球"的"球场老大爷"，但半决赛G4，张镇麟勇敢地站了出来，在攻防两端表现出了足够的活力。广厦队卡明斯、威尔斯、威尔哲三名外援轮番上阵，但张镇麟仿佛有三头六臂，谁在场上就防谁，还都能给防住。后来张镇麟自己也回忆："那场真的很累，一个人要防三个外援，其中两个前锋，一个后卫。说实在的，你让我再去打一次，我可能都打不动了。但当时对胜利的渴望一直支持着我，让我做了一些现在自己看来都很不可思议的事。"

在进攻端，张镇麟23分的得分数据不算"炸裂"，但进球个个关键。很多时候，广厦队刚看到起势的希望，就被张镇麟兜头一盆冷水浇灭。这样一场生死战，张镇麟勇挑重担，扭转了战局，这种责任感让人看到了他未来成长为球队核心的希望。正如张镇麟在夺冠之后回顾起整个赛季说的那样："没有这些伤病、压力，也不会让我成长那么快。"

3.欲戴王冠，必承其重

2023年的夏天，对于张镇麟而言格外难熬。随中国男篮出征世界杯，张镇麟原本期待在世界大赛中证明自己。但中国男篮5战仅取得1胜4负，连奥运会落选赛资格都没有取得。在巨大的压力之下，中国男篮转战亚运会赛场，指望用亚运会金牌来回应外界的抨击。孰料半决赛面对菲律宾"二队"，中国男篮在大比分领先的情况下被对手逆转，而错失绝杀的张镇麟很快处于舆论的旋涡之中。面对这样一波来势汹汹，甚至看上去具备一定组织性的大规模"网暴"，25岁的张镇麟能挺过去吗？

所谓欲戴王冠，必承其重。张镇麟不仅是辽篮的未来核心，同时也是中国男篮

的希望之星。但是，如果想真正成长为超一流球星，这个"心理关"是必须要过的坎儿。幸运的是，张镇麟并不是一个人，杨鸣、乌戈、吴乃群教练组和队友们都站在张镇麟一边，帮助他走出了这个职业生涯中第一个低谷。而张镇麟本人强大的内心，也让他慢慢可以用一种淡然的态度，来解构外界的嘲讽。这个赛季，在辽篮客场与青岛队的比赛中，张镇麟在一次反击完成双手暴扣后，落地时故意做了一个双手抱头的动作。这意味着，这一轮"网暴"没有把张镇麟打垮，每一次对他的嘲讽，反而会激发出他更强大的斗志。

但是，这些话，张镇麟没有跟任何人说过。直到随辽篮实现三连冠之后，张镇麟才长舒了一口气："我紧张了一整年了，现在有一种压力被完全释放的感觉。"

张镇麟的压力有场下的，也有场上的。在常规赛第一阶段，人们看到，张镇麟持球多了，相应的失误次数也变多了，而且有些场次表现也不够稳定，这同样引起了一些质疑的声音。出现这一情况，客观上是郭艾伦缺阵，赵继伟也出现伤病，辽篮需要增加持球点。主观上是因为位置模糊化、技术全面化符合现代篮球的趋势，

把张镇麟改造成持球锋线。

所谓甘蔗没有两头甜，这就像一枚硬币的两面，持球回合增加了，失误自然会增多，这是不可避免的。球星不是练出来的，是"喂"出来的，必须有大量的球权。辽宁男篮对张镇麟的定位，球迷对张镇麟的预期，从来就不是什么"3D"球员，而是一个持球打法的球队核心。在度过了打法调整带来的不稳定时期后，张镇麟的"进化"非常明显，在场均失误与上赛季相差无几的情况下，他的场均助攻数从3.2次增长为4.3次，场均得分也从15.5分提升至17.4分，已经从"重要得分点"向"主要得分点"转型。

2024年1月17日客场与山西队的比赛，张镇麟更以三分球14投9中的表现得到职业生涯单场最高的47分。3月26日主场与新疆队的比赛，是决定常规赛冠军归属的关键比赛。在比分始终胶着的情况下，张镇麟在第四节开场不久连中4个三分，一举打破比赛平衡，为辽篮取胜奠定基础。这只是整个赛季的一个缩影，说明在决胜时刻，队友也愿意把球交给张镇麟处理。而在以往，这个角色一般都属于郭艾伦或者弗格。

另外，张镇麟的三分出手次数少了，罚球多了，这从中能看出一些端倪。常规赛第一阶段，大家都说张镇麟总是躲着打，不愿意对抗，但从第二阶段开始，张镇麟经常会错位打篮下，或者迎着防守扣篮，这说明张镇麟也是一个非常善于在实战中学习并且调整的球员。

　　不过，在常规赛MVP的评选中，张镇麟并不是排名顺位靠前的候选人。这也不难理解，在常规赛，张镇麟是队内第一得分点，但他没有无限开火权。更重要的是，张镇麟还是辽篮个人单防能力最强的球员，球队防守遇到问题的时候，总是通过让张镇麟去单防对手的第一得分点来走出困境。当把更多的精力放在防守端的时候，和阿不都沙拉木这样的球员比起来，张镇麟就很难打出太漂亮的数据。在MVP的竞争中，这是一个天然的劣势，也是张镇麟为球队作出的个人牺牲。

　　随着季后赛的深入，特别是弗格在进攻端的持续爆发，张镇麟在场上的作用进一步向防守端倾斜。除了与广东队半决赛G1单场得到34分，张镇麟整个季后赛单场的得分和命中率都不是很理想。不过，张镇麟依然是辽篮最重要的球员之一，半决赛和总决赛9场比赛，张镇麟上场时间最短的一次，也打了接近40分钟。

我都熟悉，训练中我也能完成相关的任务，未来打三还是打四，还是取决于教练组的安排。打三还是打四，主要看怎样才能帮到球队更多一点。因为二哥受伤了，我可能更多去顶替他的位置，去打四号位的机会更多一些。"

四年过去，现在的张镇麟已经完全褪去了青涩，无论场上场下，他的存在感都很强。赛前球队加油鼓劲的环节，张镇麟经常会第一个鼓掌，然后站在最中间呐喊，对于全队的情绪调动都非常好。按照惯例，首发队员在临登场前会与没有进入比赛大名单的球员击掌致意，这个时候张镇麟会一个个握过去，一个人都不会落下。

在2023—2024赛季半决赛G4的生死之战前，张镇麟制作了一个上赛季夺冠的短片给队友看，以此激励全队的士气，辽篮最终也复刻了去年的奇迹，在广东队主场逆天改命。在那场比赛表现如有神助的付豪说："我觉得这个片子在开赛之前激励到了我们每一个人，让我们都觉得很有力量。"无怪乎有人说，张镇麟就是这支球队的黏合剂。

老大哥们也很配合张镇麟，2022—2023赛季总决赛第三场，在赛前入场时，队

王芳作为中国女篮领队曾征战多个洲际大赛

长韩德君特意让张镇麟带队进场。结果张镇麟进场后，其他人都躲在球员通道里看热闹。辽篮主场MC梁佳烁也调侃道："金金，你的兄弟们呢？"张镇麟回头看到一脸坏笑的老大哥们，哭笑不得。而在夺冠之夜，张镇麟也拉着队友挨个合影留念，或许第二天队友们会发现，他们的每一张庆祝照片上都有张镇麟的身影。说他是人见人爱的"队宠"，并不为过。

　　在辽篮里，赵继伟和张镇麟是室友，他俩的互动也比较多。在他加盟辽宁男篮的第一个赛季，CBA官方组织了一次辽篮的媒体采访活动，杨鸣是单独接受采访，只有张镇麟和赵继伟是两个人一起出现在媒体面前的。"没有比赛的时候，我们除了休息调整，偶尔也一起打打游戏。"张镇麟这样介绍他和赵继伟在比赛之余的生活。

　　有记者请他谈一谈在他成长的过程中王芳扮演了一个什么角色。张镇麟想了想，说："更多的还是一个母亲的角色吧。"一直坐在一边没说话的赵继伟马上"get"到了这句话的漏洞，插话调侃他："扮演？"张镇麟意识到说得有问题，赶紧往回圆："没有，她扮演很多角色，但更多的还是一个母亲的角色。"

　　看到气氛被调动起来，有记者趁热打铁，请这对室友在媒体面前来一次发自肺腑的对话："有什么新队员想对老队员说的，老队员想对新队员说的？""反正我是啥都说，估计年轻队员对我不一定啥都说。"赵继伟意味深长地看了一眼张镇

麟，把"球"抛给了他。"鼓足勇气说。"在记者的鼓励下，张镇麟终于开口了："继伟哥，我觉得你'打野'真心玩得不错。"一句话把现场的记者和赵继伟都给逗乐了。

2023—2024赛季，张镇麟和赵继伟一同入选了全明星首发阵容。根据惯例，每届CBA全明星周末的第一个晚上，全明星首发球员会面对媒体的"圆桌采访"，这是多年来全明星周末的"保留节目"。也许是刚刚从伤病中恢复的缘故，出现在记者们面前的张镇麟脸上有掩饰不住的疲惫，回答起问题也是惜字如金。我有意想让他多说点，就把话题转到他的室友赵继伟身上，问他们俩有没有提前设计一下在全明星赛的精彩配合，但张镇麟却摆摆手说："没有，没有，我和继伟哥好久没见了，他太忙，我们最近都没联系。"

张镇麟结束采访往外走的时候，赵继伟刚刚坐下，两个人简单交流了几句。赵继伟验证了张镇麟的话："我们俩确实没有过这方面的设计，因为我最近一直忙着训练和比赛，今天见面才多聊了几句。"

付豪和张镇麟的"互怼"也让人津津乐道，因为俩人前后脚加盟的辽篮，年龄相仿，又有相似的篮球家世背景，关系很"铁"。众所周知，付豪的投篮姿势辨识度极高，张镇麟总爱拿这个和付豪开玩笑。2022—2023赛季辽篮和福建队的常规赛中，付豪在难度很大的情况下投进一个球，替补席一片惊呼，场下的张镇麟夸张地模仿付豪的投篮动作，这个镜头也被摄影师捕捉到。

赛后，付豪在微博上晒出了张镇麟的模仿秀，同时还配上了自己的投篮照片，写道："你看看你自己学得像吗？"后面加上了3个流汗的表情，并且还艾特了张镇麟。对此，张镇麟一句话就点破了真相："哈哈，我这绝对精髓。"

5.迅速成长的"成熟男人"

其实不只在辽篮，张镇麟在整个CBA都人缘颇佳。这是因为，他身上举手投足间透着的谦逊和彬彬有礼，在国内球员中尤其引人注目。有一个很小的细节，在CBA以赛会制进行的第一个赛季，一场比赛中，张镇麟防守中一次凶狠的犯规把对方球员撞到了地板上。对方球员刚想发火，却见张镇麟马上冲过来把他扶起，满脸关切地问："哥，没事吧？"看着面前这个真诚地瞪着忽闪忽闪的大眼睛的年轻人，对方的"火"当时就全都消了。

2022—2023赛季与浙江稠州队的总决赛过后，张镇麟有了一个新的称呼：成熟男人。这是因为总决赛G1之前接受采访时，张镇麟说："浙江队首次进入总决赛，可能思想包袱比较重。不像我们，对于我们几个老队员，总决赛经历比较多了，看得比较淡。"听到张镇麟把自己也算到"老队员"里，球迷们纷纷表示"绷不住了"。但仔细一想，张镇麟CBA生涯可是从没有缺席过总决赛，叫一声"成熟男人"并不过分。

2020—2021赛季，张镇麟开赛后第一次接受媒体的"轰炸"，就显示出了"成熟男人"的潜质。那次官方采访，张镇麟首先就被问到网上的评论会不会影响自己的心态。"杨导一直怕我们飘起来，让我们保持冷静，我觉得这些言论没有影响到我自己。"张镇麟如此表示。此前，张镇麟一直在美国的NCAA联赛打球，这是他第一次参加CBA，两个联赛有哪些不一样的地方呢？"两个联赛比赛风格不同，球队文化也不太一样，我还在慢慢融入球队。"张镇麟这样告诉记者。

如果说加盟辽篮的第一年，张镇麟多少还有一些"菜鸟"的影子，从2021—2022赛季开始，张镇麟就显示出了超高的篮球智商。虽然他是主力阵容中最年轻的一个，但他的成长速度超乎人们的预期。在季后赛，张镇麟成为球队重要的攻坚武器。辽篮名宿李晓勇在点评总决赛时提到："比赛中我印象最深刻的一个镜头发生在第四节，张镇麟突破到罚球线吸引防守后及时把球传给处于空位的郭艾伦，郭艾伦命中底角三分。实际上，年轻球员在进攻中经常容易犯的错误就是沉迷于单干，不能合理地分享球，而张镇麟恰恰做出了正确的选择，这就是我们说的通过比赛'涨球'。"

2021—2022赛季随队夺冠之后，张镇麟没有躺在功劳簿上睡大觉，而是在夏天前往美国特训，并且调整了投篮动作，以期更上一层楼。用他自己的话说，此前的投篮手型有些限制发展上限，经过各方面的考量，就下定决心更改手型。"改完手型以后在技战术、为球队拉开空间以及个人特点方面有很大帮助，只不过需要更多时间适应。"

不过，在2022—2023赛季的开局阶段，张镇麟遇到了诸多不顺。首先是临近开赛时，他意外扭伤了脚踝，出于稳妥考虑，教练组没有让他出战第一阶段。等第二阶段复出后，投篮手型的改变让张镇麟失去了三分球的准星，很多场次效率很低。而增加持球的打法，也让张镇麟出现了更多的失误，无形中增加了他的压力。

回忆起带伤备战的感受，张镇麟说："太艰难了！脚其实没有完全康复，甚至一直在肿胀，脚发不上力，跑步、加速都困难，有时候会投很多'三不沾'，有时候甚至会投到计时器上，队友和教练对我都持怀疑态度，'他这个状态能马上适应

比赛吗？'"

其实，张镇麟面临的一切困难，都源于教练组对他定位发生的调整。以张镇麟的天赋，辽篮不可能一直让他扮演"3D"球员的角色，他必须锻炼自己的持球能力。在此期间遇到的瓶颈，可以视为转型过程中必不可少的阵痛期。对于队友的担忧，张镇麟就自信地表示："不要担心，我肯定会在比赛时有所作为。"张镇麟坦言，这份自信源于场下的努力："当时真的付出很多努力，全队备战期间，我会每天抽出4个小时提前去训练，这样一周我就会比别人多出几十个小时训练时长，这些努力最终造就了我现在的自信。"

在与媒体和球迷相处时，张镇麟同样散发着"成熟男人"的魅力。对媒体而言，张镇麟几乎有问必答，而且逻辑严密，条理清晰，采访内容几乎不需要太多的加工。对于球迷来说，张镇麟对于签名和合影等要求都是尽力满足，也非常注重和球迷的互动。

这样一个难得的优质偶像，未来的前途真的不可限量。

1.轮换阵容的中坚

2020—2021赛季，曾八次夺得总冠军的八一队宣布退出CBA，有关原八一队球员去向就成为各方关注的焦点。其中，付豪有望加盟辽宁男篮的消息，令辽宁球迷感到无比振奋。

付豪1997年生于沈阳，母亲是中国女篮名宿展淑萍，从小就拥有出众的身体条件和篮球天赋。进入CBA以来，尽管八一队长期徘徊于季后赛门槛之外，但年轻的付豪的成长速度非常快，以其灵活快速的脚步、稳定的中距离投篮以及出色的篮板球能力，很快成为国产年轻内线的佼佼者。到2019—2020赛季，付豪场均已经可以打出"19+9.5"的亮眼数据，并且入选了当年的CBA全明星阵容。如果他能加盟，辽宁队四号位将如虎添翼。

经过几个月的等待，球迷终于等到了付豪加盟的官宣。2021年2月24日，CBA公司更新了国内球员注册信息，付豪的名字出现在辽宁男篮俱乐部的名单中，这意味着付豪正式成为辽篮一员，此事不可能再有任何反转。

付豪是原八一队球员中第一个正式加盟其他球队的球员，也是辽篮队史引进的最大牌的内援之一。在CBA历史上，辽宁男篮极少引进内援，像付豪这种级别的球导致受伤，杨鸣示意付豪登场，付豪就这样在阴差阳错中迎来了辽篮首秀。

此后，付豪开始融入辽宁男篮。第二场面对广厦队的比赛，付豪便砍下18分。半决赛对阵浙江稠州队，付豪场均贡献15分。在加盟辽篮之初，付豪曾说，他的个人目标就是"希望能和球队一起获得一座属于大家的总冠军奖杯"，而他也确实在朝着这个目标迈进。

遗憾的是，尽管2020—2021赛季总决赛G3付豪打出24分钟8投6中，独得24分的高效表现，辽篮还是经过加时输掉了"生死战"。虽然这已经是辽宁队第八次折戟总决赛，但对于付豪来说，这是他职业生涯第一次距离冠军宝鼎如此之近，却又失之交臂，这种痛苦的感觉可谓刻骨铭心。直到多年以后，付豪在接受采访时仍然不止一次提起，他不喜欢总决赛失败的感觉，他不想总是当输家。

想当赢家，那就要自己努力。在2021—2022赛季，付豪迎来了加盟辽篮后的第一次"进化"，场均贡献13.6分、5.4个篮板。更重要的是，付豪开发出了三分球的技术，并且在半决赛给了广东队沉重的打击。要知道，此前他在CBA的6个赛季，几乎没有三分球出手。在这个"秘密武器"练成的背后，其实是付豪在休赛期每天强迫自己投进800个三分球的勤奋。

3∶0横扫广东队，付豪终于和队友一道一雪前耻。"我们努力了一年。每当训练累了，我就想广东队夺冠后我们有多难受，所以我们不会累，只会更加努力！"付豪的话语里，总能听出军人的笃定。在总决赛之后，前辽篮名宿李晓勇感慨道：

　　"无论张镇麟还是付豪，总决赛的经历在他们成长的道路上都非常宝贵，在他们身上，我看到了辽宁男篮的未来。"

　　2022—2023赛季，尽管由于种种客观原因，付豪的表现有些挣扎，但他却在2022年12月21日迎来里程碑之夜。在辽篮与福建队的比赛中，付豪28投23中，得到惊人的50分、18个篮板，刷新CBA历史上辽宁男篮国内球员单场得分纪录。在赛季结束之后，中国男篮主帅乔尔杰维奇仍然把付豪招进了备战男篮世界杯的国家集训队中。

　　尽管中国男篮在世界杯和亚运会都遭到滑铁卢，但回到联赛的付豪很快就和队友开启了冲击三连冠之路。2023—2024赛季，CBA联赛常规赛增加至52轮，是主客场赛制下最漫长的一年。作为球队的中生代，付豪虽然表现还不够稳定，但只要登场，必定全力以赴。进入2024年以来，付豪逐渐站稳了首发四号位，辽篮也以常规赛第一名的身份进入季后赛，向三连冠发起最后冲刺。

季后赛付豪的高光时刻，毫无疑问是在半决赛第四场。实际上，之前的三场比赛，广东队对辽篮的防守策略比较明确，几乎每场都会有意识地在三分线外放空一名辽篮球员。可惜的是，被放空的球员没有打出稳定的命中率，这让广东队可以更加肆无忌惮地包夹赵继伟和张镇麟，辽篮在场上也就愈发举步维艰。如果再没有人站出来把那些该死的空位三分投进，半决赛G4就将成为辽篮赛季的谢幕演出。

2024年5月8日，在输球就回家的绝境中，付豪挺身而出。顶替受伤的李晓旭首发登场的他不负众望，面对广东队强悍的防守，付豪勇敢地和对手进行对抗，内线进攻异常强硬，多次篮下一对一强攻得手，而且不断用"精准制导"的三分球惩罚对手的防守策略。全场比赛，付豪三分线外10投5中，相当于广东队三大外线主力沃特斯、胡明轩和徐杰投中三分球数的总和。当付豪一次又一次面无表情地把三分球投进篮筐，广东队的防守决心不可避免地出现动摇，球员的战术执行力不再坚决，这就给了辽宁男篮迅速拉开分差的机会。从战略意义上来讲，付豪这个点是辽宁男篮此役获胜的"胜负手"。

比赛还有6分钟结束时，付豪在底角接球，毫不犹豫地出手，球划出一道美妙的弧线空心入网，100：74，辽宁男篮领先广东队26分，比赛胜负彻底失去悬念。两天前还在全场载歌载舞的东莞篮球中心鸦雀无声，许多观众开始提前退场。而广东队提前准备好的用于庆祝球队时隔三年重返总决赛的烟花，也彻底放了"哑炮"。

全场比赛，付豪得到31分，刷新了个人季后赛单场得分新高。如同一年前半决赛G4的张镇麟一样，在这个夜晚，付豪是拯救球队的英

付豪近两个赛季强势崛起

雄。但在新闻发布会上，人们从付豪的脸上看不出一丝波澜，他只是很平静地表示："这场结束了就是结束了，我们只是把大比分扳平了而已，下一场比赛对于我们来说才是最重要的。"

5月11日，半决赛"抢五大战"，付豪以73%的投篮命中率得到18分，辽篮也以21分大胜老对手广东队，连续两年半决赛"起死回生"。赛后接受采访时，付豪说自己"很激动"："毕竟我们都到了悬崖边了，大家是靠凝聚力把比赛打回来的。球迷给了我们很多精神动力，感谢球迷对我们的支持。"

5月15日，总决赛第一场，付豪再度打出职业生涯代表作，15投12中，得到29分、9个篮板。值得一提的是，付豪本场比赛出场41分钟，可见他赢得了教练组的绝对信任。付豪也说："和去年总决赛比，最大的差别就是上场时间变多了，有机会去展示自己了。"在总决赛前两场比赛之后，付豪甚至领跑FMVP的评选榜单。在

和常规赛MVP阿不都沙拉木的对位中，付豪完全压制住了对手，让辽宁男篮在锋线处于绝对优势，这才有了4：0的横扫。在辽篮12场季后赛里，付豪场均出战26.6分钟，得到14.3分、5.8个篮板，投篮命中率51.5%，三分球命中率35.7%。说付豪是辽篮季后赛的头号奇兵，当不为过。"冠军献给所有关心我的人。"在夺冠后的更衣室里，付豪如是说。

在我眼里，付豪是一个非常职业的球员。球队输球，哪怕心情再低落，付豪也会大大方方地站在镜头前接受采访。付豪还是一个非常懂得感恩的人，在辽篮客场与宁波队赛后的发布会上，付豪真情流露，向宁波队三位教练阿的江、王中光和李可致敬，其中对阿的江的感谢尤为令人感动："阿指导一直带我到成年队，牺牲了一些成绩去培养了我。"回去之后，付豪还专门在个人社交媒体上发文："每年回宁波看到阿指导都格外亲切，还是要再次祝福阿导未来一切都顺利，一切都好，永远感谢阿导对我的恩情。"

从2023—2024赛季的表现来看，27岁的付豪已经是辽篮内线的中流砥柱。辽篮的四号位的接力棒，注定要交到他手上。

尽管只比付豪大两岁，但和付豪相比，丛明晨已经可以说是球队绝对意义上的老队员了。2023年5月15日，辽宁男篮与浙江稠州队总决赛第四场的最后一分钟，杨鸣再一次把5名国内功勋球员换上场，享受夺冠的荣誉时刻。和一年前相比，有4个人没有发生变化，只是三号位的人选从离队的刘志轩换成了丛明晨。这时人们才意识到，原来丛明晨在辽篮也已经效力9个年头。

在辽篮主力阵容的国内球员中，丛明晨是唯一一个非辽宁籍的"子弟兵"，这在辽篮征战CBA历史上是绝无仅有的。生于黑龙江伊春市的丛明晨出自辽宁青训，与赵继伟、周琦、高诗岩、赵率舟同为2013年全运会男篮青年组冠军队成员。在完成全运会夺冠的历史使命后，这支队伍结束了历史使命，而丛明晨也和很多队友一样，走到了命运的十字路口。作为一名已经展露出一定天赋的锋线球员，丛明晨引起了不少球队的兴趣。但在郭士强的坚持下，辽宁男篮最终留住了丛明晨。

然而，丛明晨进入CBA的前两个赛季，辽篮正值连续两年杀入总决赛的高光时刻，贺天举和刘志轩都处于职业生涯的巅峰期，球队又经常会采用三后卫阵容，丛明晨出场机会寥寥无几。2016—2017赛季，多名主力的伤病和停赛让丛明晨迎来职

丛明晨在外线给辽篮带来很大帮助

业生涯的转机，他不仅在赛季初成为球队的首发小前锋，而且场均出场时间从上一个赛季的6.3分钟飙升至23.5分钟，就此在球队的轮换阵容中占有一席之地。

可是，那个赛季的辽篮流年不利。常规赛客场面对福建队时，王哲林在一次争抢篮板球之后没有站住，向后倒去，身体正压在毫无防备的丛明晨左膝上。丛明晨痛苦地倒地，被担架抬出球场。但当时，包括我在内的随队记者都在关注比赛，大家没有意识到这次伤病的严重性。赛后，尽管丛明晨发布微博安慰球迷说："我没事。"但情况远比人们预计的严重。左膝韧带内侧撕裂，丛明晨的第一个高光赛季只打了24场就戛然而止。

之后两个赛季，虽然丛明晨一共出场100次，但他的成长却没有达到外界预期。直到2019年夏天，丛明晨凭借在一系列热身赛中的精彩发挥，被视为辽篮外线最重要的得分点，他也满怀信心地准备在新赛季大展拳脚。但人算不如天算，在新赛季的第一场，意外就发生了。

说来非常令人遗憾，丛明晨职业生涯两次遭遇严重伤病，我都是亲历者。2019—2020新赛季揭幕战，辽篮客场挑战卫冕冠军广东队。在开局落后的情况下，辽篮从第二节开始反扑，丛明晨更是成为辽篮外线最稳定的射手，一次次三分命中令现场的广东球迷心惊肉跳。但第三节，广东队打出反击，面对赵睿的上篮，丛明晨情急之下横身飞出去封盖，这个动作非常危险，等于把自己的安全交到了别人手里。最终，丛明晨重重地摔倒在地板上，捂着自己的腰，久久无法起身。随后，丛明晨被直接送上了救护车。这一次，尽管多少还有一丝侥幸心理，但大家已经隐约感觉到了情况不妙。

在赛后球队的大巴上，气氛非常沉重，因为球队输球，更因为丛明晨的受伤。在得到丛明晨腰椎骨折这一初步诊断后，车上一片惊讶和叹息声，赵继伟爆了一句粗口，一拳重重地捶在前排座椅的靠背上。

当天晚上，我们几个随队记者去医院探望了丛明晨。小丛趴在病床上，表情一如既往地平静，时任主教练郭士强和总经理李洪庆二人站在床边，面色凝重地商量

着治疗计划。看到记者来探望，丛明晨似乎有些意外，只是礼节性地点了点头。而我们除了安慰几句，也实在没法多说什么。我们都很清楚，这个时候，无论说什么都是苍白无力的。

其实，那个赛季对丛明晨而言是一个非常好的机会。辽篮的小外援换成了身体素质劲爆、突破能力极强的史蒂芬森，他在比赛中可以吸引对方大部分的防守精力，丛明晨这样的射手就有了用武之地。此前的东亚超级联赛，史蒂芬森带着辽篮一众替补球员夺得冠军，让球迷开始憧憬辽篮"一星四射"的威力。可丛明晨受伤，辽篮失去了外线最稳定的火力点，三分球命中率下降，导致球队的进攻陷入瓶颈。

事实上，那个赛季，辽篮步履维艰，史蒂芬森迟迟无法与球队产生预期中的化学反应，最终这位辽篮队史最大牌的外援以并不成功的方式与球队分道扬镳，后来郭士强也因为战绩不佳离开辽篮帅位，这都是丛明晨受伤带来的连锁反应。无论从任何角度想，丛明晨心里肯定都会非常难过。

效力辽宁队这么多年，丛明晨一直不温不火，要说表现不好，从2016—2017赛季开始，他一直都是辽宁男篮的主力轮换球员。但要说表现好，他在这些年里却没有一个完整的赛季可以称为自己职业生涯的代表作，而且还两次遭遇比较严重的伤病。实际上，在贺天举受伤之后，张镇麟加盟之前，身高1.97米的丛明晨是辽篮国内球员阵中唯一的一位正牌三号位，无论郭士强还是杨鸣，都给了丛明晨非常多的机会，但他始终未能捅破那层窗户纸，迎来化茧成蝶的时刻，殊为可惜。

丛明晨这些年的训练一直非常刻苦。每年夏天，辽篮的老队员都可以享受更长时间的假期，可在进入"老队员"的行列后，丛明晨仍然和年轻队员一起早早归队训练。付出就会有回报，丛明晨三分球的稳定性在队内是数得着的，职业生涯迄今，有6个赛季的场均三分命中率在40%以上。之所以过去9年未能真正撑起辽篮的三号位，一方面是因为他没能越过自己的心理关，另一方面也确实欠缺了一些运气。就像2023—2024赛季的季后赛，丛明晨投篮命中率57.7%，三分球命中率更是高到离谱：60%。但他只打了6场比赛，场均出场时间只有12.7分钟。在辽篮三连冠之后，丛明晨在个人社交媒体上写道："兄弟们牛，纯纯躺赢。"自嘲中透露着几分心有不甘。

但所谓时不我待，如今，丛明晨已经29岁，他真的非常需要一个机会来证明自己，就像2020—2021赛季他面对恩师郭士强执教的广州队时投出14中10的三分球。

2.最适合自己的外援

"国内球员决定下限，外援决定上限。"这是多年以来，中国篮球界形成的共识。近几个赛季，外援的出场时间受到限制，对球队成绩的决定性作用有所下降，但依然举足轻重。辽宁男篮连续三个赛季捧得总冠军奖杯，弗格、莫兰德功不可没。

在如今的CBA，辽篮是少有的以本省球员为主体的"子弟兵"性质的球队，而且国内球员主力框架十几年没有发生过太大变化，这在保证了球队凝聚力的同时，也对外援的融合提出了很大的挑战。辽篮选外援走过不少弯路，但在弗格和莫兰德的选择上，可以看出辽宁男篮俱乐部和教练组的独具慧眼。

事实上，如果参照"超级外援"的标准，无论弗格还是莫兰德多少都有些"不合格"。和人们传统印象中的小外援不同，弗格刚刚入队时在进攻端显得过于"谦虚"，个人攻击欲望似乎不强。在加盟辽篮之初，常规赛甚至有过单场比赛得分不上双的尴尬，这让很多球迷开始怀念起哈德森。

不过，需要指出的是，在郭艾伦成长为球队最主要的攻击手之后，辽篮近几个赛季在进攻端始终依靠国内球员主导，弗格的出手权注定会受到限制。另外，在高诗岩租借离队，年轻后卫还没有独当一面的时候，辽篮外线缺少一个"防守尖兵"。弗格防守意识出色，也心甘情愿地承担教练组安排给他的"脏活累活"，去和对方的进攻重点人缠斗。

辽篮是整个CBA少见的用自己的小外援去防对方小外援的球队。某种程度上来说，弗格是为了球队的整体利益，牺牲掉了自己进攻端的数据。在加入辽宁队的前两个赛季，在把相当一部分精力放在防守端的情况下，再指望弗格在进攻端刷出炸裂的得分数据，未免有些强人所难。

但回望弗格的中国职业联赛之路，他绝对是CBA的一名大杀器。2017年，弗格登陆CBA，先后效力过广州（两年）和北控男篮（一年），他三个赛季场均得分为

35.8分、34.4分、27.3分。辽宁男篮是弗格在CBA联赛效力的第三支球队。2020—2021赛季，弗格火线加盟辽宁，不过他的季后赛表现不尽如人意，整个赛季只打了11场，终究被广东在CBA总决赛抓住了磨合的缺口，痛失冠军。好在接下来的赛季弗格终于为自己正名了，他和辽宁渐入佳境。

"当我们为了各自的目标而奋斗时，必须日复一日、年复一年地拼命。所有伟大的事情，都需要时间去达成。"这是弗格在社交媒体上分享他对生活的一段感悟。多国征战的经历，悠悠岁月的洗练，赋予了弗格更多追梦的力量，也让其努力终得回报。

2023—2024赛季堪称弗格的"封神季"，5月22日晚，辽宁男篮在客场以104∶95击败新疆，实现三连冠，弗格成为总决赛的最有价值球员（FMVP）。拿下FMVP的弗格表示："要感谢赵继伟（此前两年都是这个奖项的获得者），是他将这个奖项让给了我，哈哈。但说真的，这个奖项确实是一个很大的褒奖，对于我有着特别的意义。但更为重要的是，我们获得了三连冠，这才是最重要的奖励。"

在总决赛阶段，弗格打出强势表现，比如第二场、第三场都获得了34分，第四场也是关键时刻接连得分。"我对此有着很坚定的信念，更为重要的是坚实的训练基础。这一整年，我进行了大量的训练，训练内容比之前要更多。同时，我的力量训练保持得很好。实际上，每年我的目标都是打出最好的比赛，在季后赛以及总决赛去贡献能量，给球队带来帮助。而我之前的职业生涯轨迹也证明了我可以做到这些。"弗格说道。

其实这一年中，弗格的状态有所起伏，外界甚至觉得辽宁队应该裁掉他。回应这个话题，弗格很严肃地表示，这一年他经历了一些伤病，这些伤病是外界不知道的事情。有一些比赛，他不能找到属于自己的比赛节奏。"这个时候，我努力地调整自己，我相信上天能够看得到我的努力。我在每天中都付出了巨大的能量，以让自己尽快地恢复到比较好的状态。我一直相信这样一句话：如果你一直坚持，那么结果就不会太糟。"

　　"辽宁就是我的家。我的职业生涯中从来没有过这样的感受，这里的每个人，球员、教练、工作人员、球迷等对我都像是家人一样照顾。"说到效力4个赛季的辽宁队，弗格表示，"他们给我无限的支持，无论在球场上，还是在赛场外。我与他们在一起的时间，比我与家人在一起的时间还要多。在我的心里，队友们真的就像我的兄弟一样，我们亲密无间。辽宁的球迷则是我们的最强后盾，他们给我们的支持是令人难以想象的。他们从我到此的第一天就张开双臂拥抱我，给我支持与鼓励。所以我一直将这里当作是家。"

　　大多数人熟悉的弗格，是那个在对方三秒区疯狂突破，三分线外招招制敌的得分机器。而在赛场下，他风趣、幽默、乐观，一改球场上的硬汉形象。或者说，一

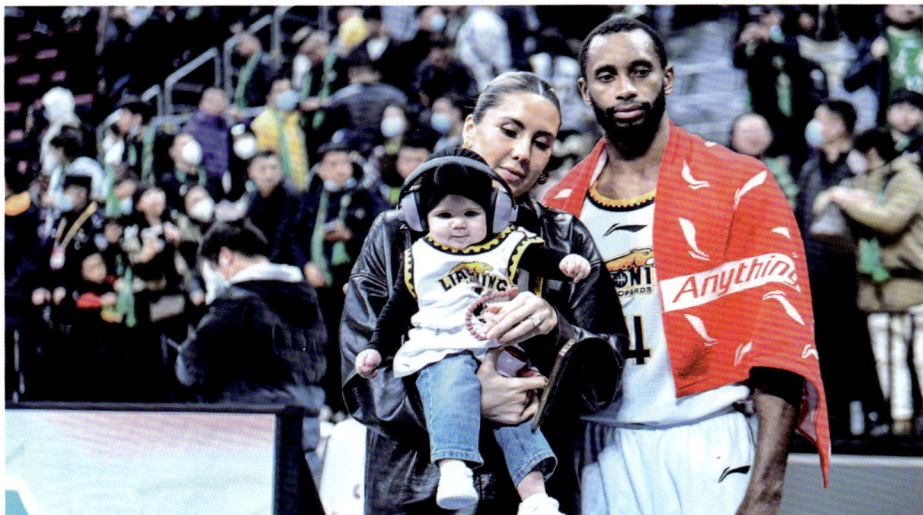

弗格与妻女在辽篮现场

且走下球场，他便把这份刚强和坚韧，全部藏在了自己的内心世界。

2023—2024赛季总决赛第四场，杨鸣离开场地前，曾经用力地拍了拍弗格，"杨鸣对弗格说了什么？"一时成为热议话题。总决赛后弗格解答了"经典时刻"："当时他跟我说，加油！让我们赢下这场比赛。然后翻译过来说，你要接管比赛。我不知道这是否是杨鸣说的内容，哈哈。"谈及杨鸣，弗格表达了足够的尊重和敬佩，"杨鸣作为主教练，他与我们一起成长。而且这种成长是令人难以置信的。在他这样的年纪就拥有三连冠，这是前所未闻的，我认为他做的工作难以置信，他是我们球队真正的领袖。"

且听杨鸣对他的评价："拥有这名外援，我们很幸运。他很敬业，在场上保持高昂的斗志，勇挑重担。我们安排他打无球战术，他不贪恋球权；让他加强防守，他就全力紧逼，执行力很强。他在场上场下团结队员，性格开朗，积极向上，与国内球员打成一片，很好地融入全队。"这就是弗格征战CBA 7个赛季的真实表现和写照。

三连冠后，休战期回到美国的弗格已经做好准备，用他的话说，将在夏天进行特别严格的训练，这是他的目标所在，他要变得更好。

与弗格一样，莫兰德也是"欲扬先抑"的外援。客观地说，加盟辽宁男篮的第一个赛季（2021—2022赛季）的莫兰德的攻击欲望几乎就是没有。那个赛季联赛第二阶段代表辽篮出战以来，莫兰德迟迟没有找到比赛感觉，既没有与队友产生良好的化学反应，个人情绪也不高。在进攻端，莫兰德接到球之后往往只是象征性地做一个假动作，然后就把球分出去，存在感非常低。他的场均得分数据也从在山西队的14.3分锐减至不到7分，被很多球迷贴上了"水货"的标签。

但客观而言，莫兰德常规赛之所以表现挣扎，除了久疏战阵之后身体机能还处于恢复状态之外，也与球队对他的使用有很大关系。从2021—2022赛季常规赛收官阶段开始，辽宁队教练组改变了对莫兰德的使用策略，在进攻端给予他一定的出手权，此举成功"激活"了莫兰德，他的高位策应开始显露出威力。在进攻端打得开心的情况下，莫兰德防守端投入程度也更高，逐渐显示出防守"大闸"的本色。

进入季后赛，莫兰德在球队中的战术地位越来越高，给人的感觉就是"不装了，我摊牌了"。尤其是那个赛季与广东队的三场半决赛，莫兰德以一己之力击穿了对手的内线，在篮下完全限制住了"黑白矮"的突破，这成为辽篮能够横扫对手的"胜负手"。篮球评论员、前辽篮球员刘欣然直言："莫兰德在辽篮的意义更多地在于防守端，他对篮板球的保护，以及内线的防守面积，让辽篮受益良多。在季后赛，他在进攻端的能力也被开发出来，一个是在弧顶的策应，一个是挡拆之后的下顺，都给对方造成了很大麻烦。"

2021—2022赛季随辽篮夺冠之后，莫兰德成为第一个，也是迄今为止唯一一个同时拥有CBA、NBA和NCAA总冠军头衔的球员，妥妥的"人生赢家"。

2019年以来，由于种种客观条件的限制，CBA球队在外援的选择上越来越趋于慎重，不再盲目追求可以"大包大揽"的超级外援。不难看出，辽篮寻找外援的目的性非常明确，小外援就是需要在有球和无球之间自如切换，兼具得分和防守能力；大外援则是需要在四五号位之间摇摆，能护筐，能封盖，移动能力强。从这个角度来说，弗格和莫兰德或许不是目前CBA最好的外援，但一定是最适合辽篮的外

援。

正是出于这样的考虑，2022—2023赛季，辽篮对弗格和莫兰德行使了优先续约权，但状况接二连三。首先是休赛期莫兰德在美国意外受伤，手术后恢复比较缓慢，与俱乐部的沟通也不够顺畅，因此始终未能就归队时间达成一致，辽篮也不得不签下第三外援桑普

森作为后手。在此期间，莫兰德一直在积极进行康复，而辽篮也依然把莫兰德作为大外援的第一人选。直到2023年年初，辽篮教练组通过视频连线的方式了解到莫兰德的近况，对他目前的身体状况表示了认可。常规赛第三阶段之前，莫兰德归队，辽篮冠军外援组合终于凑齐。

在辽篮教练组的调配下，双外援在季后赛很快进入角色。只要莫兰德在场上，辽篮的防守就具备更强的弹性。莫兰德的臂展和机动性都非常出色，这使得他拥有更大的防守面积，大延误后无论迅速回防还是换防都游刃有余。在强强对话时，辽篮很需要莫兰德站出来守护篮下。因此，到了季后赛，莫兰德对辽篮具有更强的战略意义。

辽篮双外援的高光时刻出现在2023年5月13日总决赛第三场，弗格得到28分，莫兰德贡献17分，而浙江队三名外援一共才得到8分，其中拉科塞维奇6分，盖利2分，赖特0分。换句话说，在这场26分的大胜中，辽篮在外援得分比拼上45∶8碾压。

那场比赛，辽篮三分球命中率仅有18.4%，但如果没有弗格投进的4个三分球，这个数据只会更低。可以说，在全队手感冰凉的情况下，是弗格利用自己的经验一

次次浇灭了浙江队追分的希望。至于莫兰德，不仅在防守端一如既往地稳定，全场送出5次封盖，而且在进攻中显得信心十足。他开场后前三次个人进攻全部选择单打余嘉豪，前两次命中，第三次造成对手犯规罚球。只出场17分33秒，用了9次投篮就得到17分，这样的效率令人惊叹。

辽篮双外援的融入程度，在整个CBA也是数得着的。擅长"整活"的莫兰德自不必言，弗格某种程度上也不像个外援。在2023—2024赛季总决赛G1第四节，新疆追分很凶的阶段，弗格有些"上头"，没有按照战术打，而是外线强行出手不中，结果被对手打出反击。主教练杨鸣火冒三丈，在场下冲着弗格一顿输出，弗格小心翼翼地举了一下手，向杨鸣示意是自己的错。下一个回合，弗格又得到三分出手机会，他稍微调整了一下节奏，仍然选择自己出手，球稳稳命中。弗格一边往回跑，

火线加盟的小外援库珀能力得到认可

一边拍拍胸口，长出一口气，像极了一个刚刚弥补过错的孩子。从这个细节不难看出来，无论杨鸣还是弗格，都真没把对方当外人。

　　三个赛季下来，我们似乎可以得出这样的结论：弗格在场上不争不抢，可以在有球和无球之间随意切换，还愿意在防守中承担"脏活累活"，这在CBA的小外援中绝无仅有；莫兰德防守面积大，移动速度快，护筐能力强，进攻中该"吃饼"的时候也从不"吐饼"。这样的外援组合，也许不是最顶级的，但完美地弥补了辽篮国内球员阵容中的短板，为辽篮找到了冠军拼图中重要的一环。外援不一定要个人能力最强的，适合自己的才是最好的，这也许就是辽篮卫冕总冠军为CBA带来的重要启示。

　　至于火线加盟的小外援库珀，用赵继伟的话说，库珀能力非常强，只是没有表现出来。在总决赛第四场，辽宁队的内线支柱、外援莫兰德因违体犯规累计6次被停赛，弗格过早陷入犯规泥潭，杨鸣不得不启用另一名外援库珀，而他也成为制胜"奇兵"，全场拿下22分和9次助攻，尽显"五星高中生"本色。相信，未来库珀会成为辽宁男篮重要的新生力量。

3.成长中的"板凳匪徒"

　　《孙子兵法》有言："凡战者，以正合，以奇胜。故善出奇者，无穷如天地，不竭如江海。"在篮球场上，主力阵容的比拼，属于"以正合"；替补席上杀出奇兵，就是典型的"以奇胜"。在NBA，这样的替补球员有一个听上去充满江湖气的专有名词：板凳匪徒。

　　然而，在辽宁男篮当替补，是一件非常不容易的事。作为一支连续九年杀入四强、连续四年杀入总决赛的球队，辽篮始终把总冠军作为目标，受到外界超乎寻常的关注，对战绩的要求极高，不可能拿出太多的时间来锻炼替补球员。

　　"召之即来，来之能战"这样的要求虽然有些苛刻，但却是辽篮替补球员面临

刘雁宇成为奇兵助辽篮夺得三连冠

的现实，他们必须在有限的时间里完成教练组布置的任务。

和科班出身的其他球员相比，刘雁宇是一个半路出家的篮球运动员，通过"贴吧选秀"才进入辽篮视线，从而走上职业篮球道路。值得一提的是，在此前三个赛季，刘雁宇从未入选过首发阵容，但2022—2023赛季12次获得首发出场的机会。这足以说明，在进入一队的第五个年头，这位被寄予很大希望的年轻中锋在球队中的地位有所提高。虽然这与韩德君的伤病和莫兰德无法归队有一定关系，但刘雁宇本人的进步显然是更重要的原因。

由于篮球启蒙时间晚，刘雁宇存在短板，比如核心力量不足，罚球技术仍需磨炼。但纵向比较，刘雁宇"吃饼"的意识和能力进步明显，中投和抛投也正在成为常规的得分手段，这让他在进攻端能够保持一定的威慑力，从而起到牵扯对方防守精力的作用。而在防守端，刘雁宇在吴冠希、余嘉豪、李慕豪等CBA内线球员对位时不落下风，让人刮目相看。

身高2.12米的刘雁宇助跑摸高达到惊人的3.76米，创造了CBA体测新纪录。在球场上，刘雁宇如同排球运动员动作的封盖令人印象深刻，显现出成为辽篮防守端"大闸"的潜质。尤其此前困扰刘雁宇的犯规问题也得到了一定程度的解决，赛季场均犯规次数只有2.0次，这也使得教练组可以给他更多的表现机会。

整个2022—2023赛季刘雁宇，场均出场14.3分钟，得到3.7分、2.8个篮板和0.7个盖帽的数据虽然不够闪耀，但和此前一个赛季相比进步幅度非常明显。和此前辽篮从山东队租借的朱荣振相比，刘雁宇的篮球天赋远远不及，但精神属性绝对高出一档。刘雁宇的比赛气质非常令人欣赏，眼神里就透着一股狠劲。他的盖帽，像是拦网，又像是扣杀，总能鼓舞斗志，振奋士气。

2022—2023赛季，刘雁宇为辽宁男篮立下奇功的时刻是在半决赛G4。尽管那场比赛刘雁宇只得到4分、2个篮板，但第二节他在篮下的一个虚晃动作，让胡金秋踩在了队友吴骁的脚上伤了脚踝。胡金秋第三节虽然带伤上场打了一阵，但终究还是无法坚持，并缺席了"抢五大战"。缺少了胡金秋的广厦队元气大伤，辽宁队惊险杀入总决赛，并蝉联总冠军。

冥冥之中自有定数，半决赛G4似乎是刘雁宇命中注定的高光时刻。2023—2024赛季，同样是半决赛G4，在李晓旭因伤无法登场的情况下，主教练杨鸣兵行险招，用刘雁宇和韩德君搭档，形成"双塔"。此举收到奇效，刘雁宇在19分钟的出场时间里，不仅在防守端让广东队陷入得分荒，自己也以高效表现得到12分、5个篮板和2次助攻。

半决赛决胜场，当付豪出任四号位防守效果不佳时，杨鸣又一次把信任票投给刘雁宇。这一次，刘雁宇的存在感没有上一场那么强，但命中率奇高，他4投全中，得到9分，其中包括一次以灵巧的虚晃骗过杜润旺，在底角投篮命中的高光时刻。可以说，刘雁宇的稳定表现，成为压倒广东队的最后一根稻草。

自加盟辽篮以来，球队一直希望刘雁宇能够成长为五号位的合格替补。然而由于身材瘦弱,刘雁宇在面对对方中锋时往往苦不堪言。在这个系列赛中,辽篮将刘雁宇放在四号位,达到了扬长避短的目的。刘雁宇更多时候是与韩德君搭档出场,他在三分线附近的扫荡能力,完美弥补了韩德君无法防挡拆的软肋。当广东队发起挡拆配合时,刘雁宇可以利用移动速度快的优势对持球人形成干扰,令广东队的后卫非常难受。半决赛的后两场,辽篮教练组对刘雁宇的使用思路,或许可以为他在辽篮的生涯打开一扇全新的大门。

鄢手骐扮演"3D"球员分担后场压力

在辽篮,鄢手骐被球迷称为"手帝"。之前的赛季,鄢手骐的出场时间非常有限,大多数情况下都是为郭艾伦、赵继伟等主力后卫做体能调整。

但由于郭艾伦受伤,2023—2024赛季,鄢手骐成为辽篮后卫线的重要性骤然提升。整个赛季,鄢手骐32次首发登场,而在过去的5年里,这个数字只有3次。而且,辽篮不再用鄢手骐承担控球任务,鄢手骐可以专注于扮演自己更擅长的"3D"球员。

与广东队的"元旦大战",鄢手骐三分球4投4中得到12分,成功打乱了广东队

的防守节奏。2月5日，在主场与北京队的比赛中，鄢手骐两分球6投4中，三分球4投3中，得到职业生涯单场最高的18分。球迷对于鄢手骐的风评，也渐渐变成了"对不起手哥，我承认刚才说话声音有点大"。

其实，自2019年进入一队以来，无论辽篮阵容怎么调整，常规赛12人大名单几乎始终有鄢手骐的一席之地。在2022—2023赛季辽篮夺冠后，有球迷到郭艾伦的直播间刷评论，说他能打得过鄢手骐。郭艾伦说话一点不客气："你要能打得过手帝，我给你跪下。"

作为一名首发及主要轮换球员，鄢手骐兼具速度和对抗能力，可以承担防守对方主要得分点的重任。在进攻中，鄢手骐有着自己的优势，那就是敢出手，而且准度高。人们不知道的是，鄢手骐是辽篮罚球命中率最高的球员之一，甚至比起弗格也不遑多让。所以在有些比赛中人们会看到，当对手在最后时刻采用犯规战术追分时，主帅杨鸣会选择让鄢手骐去持球。这种选择虽然非常大胆，但也可以体现出教练组对鄢手骐罚球的信任。

"防守悍将"周俊成

说到鄢手骐，就不能不说周俊成，他俩是辽篮后卫线的"哼哈二将"。而周俊成的成长经历更坎坷一些，他曾经是CBA的落选秀，没有得到其他球队赏识，被辽篮"兜底"后有些意外地在一线队站稳了脚跟。

在球队中，周俊成主要的价值体现在防守，永远斗志昂扬，有一股初生牛犊不怕虎的生猛劲，进攻中则更多的是依靠反击得分，他还是辽篮队内后卫中扣篮能力最强的一个。2021—2022赛季，周俊成在总决赛前两场很好地限制了孙铭徽，自己也有场均5分的数据。所以到了第四战，主帅杨鸣奖励他打了20分钟，在全国球迷面前大大地露了一把脸。夺冠之后，杨鸣和时任辽宁男篮总经理李洪庆都对周俊成进行了点名表扬。

2022—2023赛季，周俊成在常规赛并没有特别突出的表现，一度掉出了12人大名单。但总决赛杨鸣依然把信任票投给他，让他主防浙江稠州队头号球星吴前。在周俊成和队友的合力"绞杀"下，曾获得常规赛MVP称号的吴前第一场8投3中得到9分，第二场11投3中得到11分，这是周俊为辽篮夺冠的高光时刻，功勋卓越。

2021年全运会，一位绰号叫"大牙"的00后球员进入球迷的视野。83：72力克浙江队的半决赛，首次代表辽宁男篮出战大赛的俞泽辰以极高

俞泽辰（左）是辽篮外线未来的希望

的效率得到9分，他还是全场正负值最高的球员，为+19。换句话说，当俞泽辰在场上，辽篮赢了对手19分。与广东队的决赛，俞泽辰打出了职业生涯迄今为止最具代表性的一战，全场10投6中，其中三分球8投4中，砍下17分。值得一提的是，全场比赛，俞泽辰出战了35分钟46秒，在队内仅次于打满全场的张镇麟，甚至比郭艾伦的上场时间还要高，这也足可见杨鸣对他的信任。

到了CBA赛场，俞泽辰还没有完全进入角色，不过也时有惊艳发挥。常规赛辽篮110：92战胜北控队的比赛，俞泽辰成为奇兵，以极高的效率得到14分，虽然这不是他职业生涯的单场得分最高，但6投4中的三分球让人们看到了那个在陕西全运会一战成名的神射手的影子。那个阶段，辽篮不仅面对11天6赛的"魔鬼赛程"，而且主力球员大多面临伤病。在张镇麟和丛明晨都因伤无法出场的情况下，是俞泽辰的爆发让辽篮的三号位没有成为软肋。

相比之下，俞泽辰在防守端的进步尤为令人欣慰。俞泽辰是一名在进攻端很有

特点的角色球员，但他在防守中总是会出现注意力不集中的问题，导致他很难得到教练组的完全信任，为此也没少受到主帅杨鸣的批评。不过在一场辽篮击败北京队的比赛中得到改观，俞泽辰在防守端能够做到全情投入，自始至终保持着极高的专注度。尤其是在与翟晓川的对位中，直接完成两次抢断，导致此前面对辽篮屡有上佳表现的翟晓川只得到2分、2个篮板的数据，打掉了对手一个极具威胁的攻击点，为辽篮赢得这场强强对话作出了不小的贡献。

另外，俞泽辰虽然平时表现大大咧咧，在场上有时还显得比较"佛系"，但该出头的时候绝对不怂，发起飙来就像是换了一个人。2022—2023赛季半决赛G4，背水一战的辽篮从开场就拿出了总决赛级别的防守强度，而且通过大范围轮换保持防守端的活力。

第一节尾声，浙江广厦中锋许钟豪得到了错位背身单挑俞泽辰的机会，俞泽辰在身后有推人的动作，但许钟豪也故意夹住俞泽辰的胳膊。裁判响哨吹罚俞泽辰犯规之后，许钟豪还不撒手，血气上涌的俞泽辰也不惯毛病，一把就狠狠推开了许钟豪。

尽管有裁判拦着，俞泽辰还是和许钟豪寸步不让地对峙，死死盯着对方的眼睛，嘴里念念有词。许钟豪那一刻眼神中分明有一些不可思议：还有人敢跟我叫号？虽然俞泽辰这一推让对手获得了四罚一掷的机会，但也彻底点燃了辽篮众将的斗志。

随后的比赛，辽篮球员有一个算一个，在防守端像下山的老虎一样嗷嗷叫，把广厦队防得整个第三节运动战只进了两个球。回顾这场比赛，这个小插曲是一个重要的转折点。不知道广厦球迷赛后会不会埋怨许钟豪：你没事惹俞泽辰干吗？

2023年7月21日，辽宁男篮与山东队在沈阳进行了一场热身赛，尽管这只是两队在辽宁"巡回热身赛"的第一场，尽管辽篮输掉比赛，但这场比赛有着特殊的意义——被称为辽篮未来"后卫双子星"的张峻豪和李虎翼首次在一队合体，这成为一大看点。尤其对张峻豪而言，此前他由于入选U19国家队而没有参加夏季联赛，

"大心脏球员"李虎翼

这是他代表辽篮一队的首秀。

在第一场比赛中，李虎翼体现出了很好的精神面貌，敢于突破攻筐，全场得到8分。不过李虎翼也暴露出一些需要注意的问题：一是防守时容易跑错位置，二是在面对紧逼时的控运能力还需磨炼。另外，李虎翼此前标志性的超远三分也没有在比赛中体现出来，这都表明在一队的老大哥们面前，他多少还有点放不开。

到了7月23日双方在鞍山进行的第二场比赛，李虎翼依旧在首节中段替补登场，第二节还有7分54秒结束时，李虎翼在三分线外一步得球，见对手没有上来紧逼，李虎翼索性直接出手，球画出一道美妙的弧线空心入网，全场欢呼。用自己最擅长的方式打开得分账户后，李虎翼长出了一口气，默默地握了握拳头为自己打气。

这个球明显让李虎翼变得更加自信，随后他突破到篮下在山东队年轻中锋张新宇面前把球打进。下半场一开场，李虎翼俨然成为球队进攻核心，三分、突破、快攻……怎么打怎么有，单节得到9分。辽篮在进攻端的顺畅也带动了球队防守，本节他们多次完成抢断，不断利用快攻扩大领先优势，最多时分差达到20分，奠定胜局。

和李虎翼相比，张峻豪或许没有这么多让人印象深刻的高光时刻，但他这两场比赛表现出了非常扎实的基本功，显现出一名合格的辽篮一号位的潜力。难能可贵的是，19岁的张峻豪并没有因为年轻而畏首畏尾，在比赛中积极与队友沟通，招呼大家跑战术，颇有大将风度。可以看出，当张峻豪主控的时候，辽篮的进攻没有出现停滞，这是值得肯定的。

辽篮后卫接力棒交给张峻豪

　　有了热身赛的不错表现，李虎翼和张峻豪顺理成章进入2023—2024赛季辽宁男篮的国内球员大名单中。2023年10月21日，在辽篮与南京同曦队的新赛季揭幕战中，李虎翼和张峻豪同时迎来CBA首秀，分别得到5分和3分。在常规赛中，这两位年轻后卫不乏亮点，如李虎翼在广东队主场三分球7投5中，得到职业生涯迄今为止单场最高的15分；而张峻豪也有过连续两场比赛分别送出6次助攻和7次助攻的精彩发挥。

　　在球队站稳了脚跟，李虎翼和张峻豪也入选了全明星周末星锐赛一年级阵容。作为老大哥的赵继伟以过来人的口吻对他们俩寄予了期望："他们第一次参加全明星周末，主要就是感受一下气氛，享受比赛，当然最重要的是多交朋友。"

　　在圆桌采访环节，我向他俩提了个问题："有没有私底下提前设计过全明星赛场上的配合？"更年轻一点的张峻豪刚想说"有"，李虎翼就把话头接过来说："没有，我俩私底下有一些小默契，但还没来得及细研究。"

　　参加全明星，是这对未来"双子星"成长的重要一步。在进队的第一年就能夺得总冠军，更是许多年轻球员可遇不可求的。在夺冠后的更衣室，我留意观察了一下，他俩一个话特别多，一个话特别少。话少的是张峻豪，整个晚上，他都在忙着和所有队友合影，表现得像个小迷弟；话多的是李虎翼，在从更衣室通往颁奖仪式的路上，他和他的"手哥"念叨了一道，说前两年辽篮夺冠他都是旁观者，这次也站在舞台中央了，有一种不真实的感觉，像是在做梦。

　　尽管郭艾伦和赵继伟的"双子星"组合依旧星光熠熠，但辽篮也不能不未雨绸缪。出生于2002年的李虎翼和出生于2004年的张峻豪普遍被视为"双子星"的接班人，而他们在处子赛季的表现，也证明足以在辽篮阵容中占据一席之地。平心而论，李虎翼和张峻豪想要达到"双子星"的高度并不容易，但他们代表着辽篮的未来，人们可以也应该多给他们一些成长的空间。

4.离开的老朋友

流水不腐，户枢不蠹。尽管辽篮国内球员主力阵容的框架十几年没有发生太大的变化，但这些年也有很多熟悉的名字消失在球队名单中。这其中，高诗岩最为令人感到惋惜。

我第一次见到高诗岩，是在2015年夏天辽篮的训练场上，当时他和郭旭刚刚被提拔进入一队。在2013年夺得全运会男篮青年组的那支辽青中，高诗岩是非常不起眼的一个，在后卫线的出场顺位还在王政博之后。当时辽篮的后卫线名将如云，哈德森、郭艾伦、杨鸣……连赵继伟都无法保证出场时间。我当时以为，三号位的郭旭或许还有打出来的希望，至于高诗岩，多半只是辽篮一队中一个匆匆过客。

事实证明，我看走眼了。在最不缺后卫的辽宁男篮，身材并不突出的高诗岩硬是在残酷的竞争中生存了下来。虽然为辽篮效力的时间很短暂，但在2018—2019和

高诗岩

2019—2020赛季，高诗岩已经是辽篮毫无争议的第三后卫，在个别场次中出场时间甚至要比"双子星"更长。有了三大控卫，辽篮一度是整个CBA唯一一个让外援打无球的球队。

高诗岩能在辽篮立足，原因无他，就是"牛皮糖"一样的防守。我最欣赏高诗岩的一点，就是他在防守中那股不服输的劲头。有的时候，高诗岩明明已经拼尽全力，可对手还是在他面前进了一个"神仙球"。换作别人，多少都会有些灰心丧气。但在高诗岩脸上，永远看不到沮丧的表情，到下一个回合，他又精神抖擞地出现在对方面前，继续认真地防守，仿佛在说：我就不信你还能进！这样的球员，换作哪个教练都会喜欢。

而且，高诗岩在防守中也不是一味依靠蛮力，更不会和裁判较劲。2019—2020赛季1/4决赛，高诗岩重点盯防吴前，在几次被裁判吹罚犯规之后，高诗岩干脆把双手背到后面去防守，不给裁判响哨的机会，被球迷戏称为"短道速滑运动员高诗岩"。那场比赛，吴前得到了48分。但如果没有高诗岩，吴前得分肯定不止48分，而且最后获胜的，不一定会是辽篮。

但很可惜，辽篮缺少能与韩德君形成轮换的五号位球员，一直是球队的心病，在内部挖潜无法解决的情况下，只能寻求交易。可是，整个CBA都知道辽篮缺中锋，在谈判中他们可以漫天要价，辽篮却无法就地还钱。更何况，除去"非卖品"，辽篮真正能放到转会市场上的球员本就不多，而高诗岩几乎是唯一拿得出手的筹码。于是，高诗岩两次租借离队，为辽篮换回两座总冠军奖杯。到了2022年夏天租借期满，人们以为高诗岩终于可以回到辽篮，和队友们一起拿一次总冠军，可造化弄人，高诗岩最终还是彻底离开了辽篮。"辽篮欠小高一枚总冠军戒指。"这是所有球迷的心声。

高诗岩和辽篮之间有着深深的羁绊。2015—2016赛季总决赛后，高诗岩发了一条微博，照片是四川球员和球迷疯狂庆祝总冠军的场面，高诗岩在下面配了一句话："记住那个让你最痛心的时刻。"2017年12月21日，租借加盟吉林队的高诗岩在帮助球队118：111击败四川队后，重新翻出了那条微博，并写道："今天我终于可以翻出这条微博。从菜鸟赛季看着球队总决赛失利却不能帮忙干着急，这种感觉一直激励着我！可能只是普通的一场比赛，但是对我来说有着不一样的意义！虽然我有很多不足，但是这场比赛我拼尽全力也要胜利！"人们不难看出，那次惨痛的失利在高诗岩心头留下了多么深的伤痕，也可以看出，高诗岩是有多么热爱辽篮，热爱辽宁这片土地。

高诗岩在辽篮的时候，总是球队的"开心果"。他经常会在球队大巴上"挑衅"韩德君，最终的结果都是被大韩"蹂躏"；他会自称"东北余文乐"，和郭艾伦就谁的颜值更高互怼。即便是不在球队效力，高诗岩和辽篮球员之间的互动还是非常多的。高诗岩租借加盟山东队的第一个赛季，在辽篮第一场与山东队的比赛之后，砍下25分的高诗岩正在镜头前接受采访，从身后经过的郭艾伦脱下自己的球衣套在高诗岩身上，边穿边说："这是辽宁队球衣。"高诗岩很自然地穿上了，笑着说："大哥让我穿，我得赶紧套。"郭艾伦一边往球员通道走，一边回头嘱咐高诗岩："一会给我嗷，别带走了。"高诗岩刚松了一口气，穿着辽篮球衣接受采访，郭艾伦转头又回来了："可别给我带走了，明天比赛我该没衣服穿了。"不由分说把球衣从高诗岩身上脱下来，一边脱还一边说："脱下来，脱下来，自己哪个队的不知道嗷，心里没点数嗷。"高诗岩只能无力地回击："别打扰我采访。"

2023年夏天辽篮和山东队的热身赛，郭艾伦和高诗岩的"冲突"也给平淡的比赛增添了一味作料：郭艾伦罚球，高诗岩故意去干扰，郭艾伦直接给了高诗岩一拳，高诗岩笑嘻嘻地做了一个"T"的手势。但郭艾伦还是"记仇"了，比赛结束后，他和韩德君连拉带拽地把高诗岩抓过来按在地上，让辽篮球员"圈踢"高诗岩。惨遭"圈踢"之后，高诗岩还在山东队大巴车上"埋怨"队友不过来帮忙，球迷用队友的口吻留言："辽宁队围得太紧，我们也踢不着你。"可以说，无论身在哪里，高诗岩和辽篮的羁绊始终都在。

贺天举和刘志轩曾经被视为辽篮的另一对"玄冥二老"，如今二人都已经不在

刘志轩

贺天举

钟　诚

朱荣振

辽篮。前者宣布退役，后者则在随队第二次夺得总冠军之后加盟了江苏队。他们人已经不在球队，但辽宁球迷不会忘记他们对辽宁篮球的贡献，也不会忘记在辽篮三号位最吃紧的时候，是他们两个一起帮助球队渡过难关。

钟诚和朱荣振，这是辽篮两次将高诗岩外租交易来的内援。客观而言，他们在辽篮没有打出自己最佳水平，但他们也很好地扮演了自己的角色，在内线给予辽篮重要的支援。在辽篮CBA的荣誉室里，来自河北的钟诚和来自山东的朱荣振这两位外乡人，同样是球迷心中的英雄。目前钟诚已经成为吉林男篮主教练，朱荣振还在四川男篮继续自己的生涯，让我们祝他们好运。

在外援里，梅奥多少让球迷感到了"意难平"。尽管在辽篮效力一个半赛季，但梅奥错过了辽篮的总冠军，也没有机会在辽篮主场享受球迷欢呼的待遇。不过，辽宁球迷仍然会记得，在加盟球队之初，梅奥说的那番肺腑之言："辽篮的队友们都和我的兄弟一样，郭士强像父亲一样，他很照顾我们。郭艾伦、赵继伟和高诗岩等人和我就像兄弟一样，每天都在一起。我觉得这支球队很不错，有很多好球员。辽篮是一支强队，每个人都很好，也都很努力。"

2024年3月7日，辽宁男篮俱乐部宣布，曾效力于球队的原外援梅奥将以辽宁男篮三队助理教练的身份投身俱乐部青训工作中。辽宁男篮三队是将代表辽宁省参加

梅奥重返辽篮，受到球迷热捧

宁队夺冠。"

"开心！"周琦完全没有把自己的伤当一回事，充满深情地说道，"我们面对的困难很大，辽宁队打球的人相比广东队少一些。不过大家拼尽全力，顶住压力，终于拿下了冠军。最后一节我的跟腱抻了一下，这也是老伤，回去检查一下还能坚持。辽宁培养了我，只要我能上场，我就要代表辽宁打比赛。"

但实事求是地讲，运动员不会用自己的职业生涯冒险，周琦也不是为任何球队都愿意带伤出战的。用周琦自己的话说："我知道这枚金牌对辽宁代表团非常重要，虽然我每四年才能代表辽宁打一次比赛，但只要我上场，不管出现任何情况，我愿意为辽宁队打完比赛。"

夺冠之后，周琦来到场边，与辽宁省体育局党组书记、局长宋凯，省体育局副局长王芳，辽宁男篮俱乐部董事长刘景远等挨个握手、拥抱，大家相顾无言，一切尽在不言中。

在新闻发布会上，周琦说出了一番令人感动的话："为辽宁队打球是温暖的，更多的是熟悉的感觉。我从小就在辽宁体育局的体系下训练，辽宁体育局和各位教练员对我帮助非常大。他们无时无刻不在关心我，是他们培养了我。为辽宁而战，我义不容辞。"

这，就是家人的感觉。

辽宁男篮三连冠大事记

辽宁男篮三连冠大事记

从2017—2018赛季辽宁男篮首夺CBA总冠军开始，这批"黄金一代"球员便开始向着建立"辽篮王朝"的目标挺进。此后，三个赛季冲冠未果后，从2021—2022到2023—2024赛季，辽宁男篮一路披荆斩棘实现了三连冠的梦想。

2021—2022赛季

2021年12月13日　莫兰德在赛季中途加盟辽宁男篮，他从一位并不被人看好的大外援，完成了在季后赛成为"奇兵"的蜕变。这位球队的主力内线，是辽宁男篮实现三连冠不可或缺的球员。

2022年1月13日　CBA常规赛，辽宁男篮战胜广东男篮，老将韩德君被广东男篮外援威姆斯进攻时肘击打成鼻梁骨折休战。

2022年4月26日　CBA总决赛第四回合在南昌举行，辽宁男篮100：82战胜浙江广厦，以4：0的总比分获得2021—2022赛季总冠军，这也是队史第二冠。

2022—2023赛季

2022年12月14日　辽宁男篮常规赛以85：99不敌广东男篮。比赛中，韩德君在一次抢篮板球时倒地，右手手指骨折，第二阶段报销。

2023年5月5日　在郭艾伦大腿拉伤，大比分1：2落后的情况下，辽宁男篮绝地反击，半决赛客场将比分扳成2：2回到主场沈阳。第五回合比赛中，浙江广厦的内线核心胡金秋骨折缺阵，辽宁男篮以95：84获胜，3：2淘汰对手惊险晋级总决赛。

2023年5月15日　辽宁男篮在沈阳进行的总决赛第四回合中以106：70战胜浙江队，以4：0的总比分卫冕成功，捧起队史第三座至尊鼎。

2023—2024赛季

2023年9月17日 辽宁男篮官方宣布，杨鸣不再担任球队主教练。原助理教练乌戈·洛佩斯成为新任主教练，带领辽宁男篮进行新赛季备战工作。乌戈也成为继威斯维拉和马丁内斯之后，辽宁男篮队史第三位外籍主教练。

2023年10月21日 新赛季揭幕战，辽宁男篮109：85击败南京男篮，取得开门红。在比赛开始前，辽宁男篮全队领取了总冠军戒指，辽宁体育馆升起第三面冠军旗。

2023年12月6日 辽宁男篮客场74：100负于浙江广厦，开局11连胜被终结。

2024年1月3日 辽宁男篮主场91：103负于浙江男篮，仅复出三场的郭艾伦大腿拉伤复发离场，当赛季再未登场。

2024年2月8日 辽宁男篮宣布，杨鸣重回球队担任主教练，合同签至2026—2027赛季结束，乌戈回归助教岗位。

2024年3月13日 辽宁男篮官方宣布，球队签下杰伦·亚当斯，作为球队的第三外援。在代表辽宁男篮打了5场比赛后，4月9日，辽篮取消杰伦·亚当斯的注册。

2024年3月31日 辽宁男篮客场97：95力克南京男篮，提前两轮锁定常规赛冠军。

2024年4月6日 常规赛最后一轮之前，辽宁男篮为库珀完成注册。4月18日，库珀成为CBA历史上第一位在季后赛迎来球队首秀的外援。

2024年5月11日 辽宁男篮116：95击败广东男篮，在极其困难的情况下以3：2的总比分逆转"杀"入决赛。广东男篮是辽宁男篮获得三连冠路上的头号劲敌，半决赛中，他们一度2：1领先，将辽宁男篮逼入绝境。关键的第四回合，辽宁男篮复制了上赛季半决赛逆转浙江东阳光药男篮的经历，众志成城拿下"生死战"绝境逢生。回到沈阳，广东男篮内线核心周琦腰部受伤无法出战，辽宁男篮最终再胜对手挺进总决赛。

2024年5月22日 辽宁男篮在乌鲁木齐进行的第四回合总决赛中，以104：95战胜新疆男篮，凭借4：0的总比分实现三连冠伟业。

CBA 2019—2024 赛季

辽宁男篮

队史数据手册

2019—2020 赛季

主教练：马丁内斯
助理教练：杨　鸣、张庆武
领　　队：李洪庆
球队管理：朱佳明
翻　　译：杨小楠
队　　医：程　亮、王星智

常规赛
32胜14负　全联盟第三

季后赛
八强赛　1：0浙江稠州　半决赛　2：0新疆广汇
总决赛　1：2广东宏远

常规赛

号码	球员	年龄	位置	场数	首发	时间	得分	前板	后板	篮板	助攻	抢断	盖帽	失误	犯规	投篮命中	投篮出手	投篮%	三分命中	三分出手	三分%	罚球命中	罚球出手	罚球%
24	梅奥	32	小前锋	15	15	36.5	28.4	1.2	5.9	7.1	4.3	2.5	0.2	2.3	2.7	10.8	18.9	57.0%	3.1	7.2	43.5%	3.7	4.3	84.6%
1	史蒂芬森	29	小前锋	29	27	35.4	26.7	1.1	6.4	7.4	3.8	1.1	0.2	2.9	3.3	9.7	18.5	52.2%	1.6	5.2	30.0%	5.8	7.4	77.8%
30	巴斯	35	中锋	30	3	31.7	21.4	2.2	6.1	8.3	1.8	1.1	0.7	2.0	1.8	8.1	13.8	58.3%	0.0	0.1	33.3%	5.2	6.7	78.0%
13	郭艾伦	26	得分后卫	35	32	33.3	20.3	0.6	3.1	3.7	5.0	1.5	0.1	2.6	3.3	7.2	14.2	51.0%	1.3	4.2	31.1%	4.5	6.0	75.7%
55	韩德君	33	中锋	44	41	31.9	17.6	3.1	7.8	11.0	1.8	0.4	0.7	2.1	3.2	6.6	10.4	63.1%	0.0	0.1	33.3%	4.5	5.8	77.2%
3	赵继伟	24	控球后卫	45	40	31.1	11.7	0.7	2.7	3.4	4.7	2.3	0.2	1.9	3.1	4.2	9.3	45.2%	2.2	5.3	41.2%	1.2	1.6	71.2%
6	贺天举	29	大前锋	42	25	19.3	8.3	0.5	2.0	2.5	0.6	0.5	0.1	0.5	1.5	2.9	6.1	46.7%	1.6	3.9	40.6%	1.0	1.3	78.2%
0	高诗岩	24	控球后卫	46	12	23.7	6.6	0.7	1.8	2.5	2.2	1.8	0.1	1.2	2.8	2.4	6.5	37.3%	1.1	3.3	32.7%	0.7	0.9	75.6%
22	李晓旭	29	大前锋	37	20	23.4	5.8	2.7	3.1	5.8	0.6	0.6	0.5	0.5	2.3	2.5	6.0	41.2%	0.6	2.0	31.1%	0.2	0.8	30.0%
10	丛明晨	25	小前锋	16	5	17.0	5.6	0.4	1.5	1.9	0.4	0.6	0.1	0.5	1.3	2.0	4.3	46.4%	1.5	3.4	43.6%	0.1	0.3	25.0%
11	刘志轩	29	小前锋	34	5	22.4	3.7	0.6	1.2	1.8	2.4	0.6	0.0	0.7	1.5	1.2	3.0	40.2%	0.9	2.2	42.1%	0.4	0.5	66.7%
17	刘雁宇	21	中锋	14	0	9.9	3.5	0.6	1.8	2.4	0.1	0.1	0.5	0.9	1.9	1.1	2.0	57.1%	0.0	0.0	0.0%	1.2	2.0	60.7%
15	郭旭	25	小前锋	34	1	8.3	2.1	0.2	0.5	0.7	0.4	0.1	0.0	0.4	0.7	0.7	2.0	34.8%	0.4	1.5	29.4%	0.2	0.3	77.8%
32	王化东	20	大前锋	24	4	12.0	1.9	0.7	0.9	1.5	0.0	0.5	0.1	0.6	1.6	0.7	2.4	29.8%	0.2	1.1	14.8%	0.3	0.5	58.3%
8	马壮	20	得分后卫	3	0	2.7	1.0	0.0	0.3	0.3	0.0	0.0	0.0	1.0	0.7	0.0	1.0	0.0%	0.0	1.0	0.0%	1.0	1.3	75.0%
36	鄢手骐	23	得分后卫	6	0	4.8	1.0	0.0	0.3	0.3	0.3	0.5	0.0	0.3	0.5	0.0	1.2	0.0%	0.0	1.0	0.0%	1.0	1.3	75.0%

季后赛

号码	球员	年龄	位置	场数	首发	时间	得分	前板	后板	篮板	助攻	抢断	盖帽	失误	犯规	投篮命中	投篮出手	投篮%	三分命中	三分出手	三分%	罚球命中	罚球出手	罚球%
24	梅奥	32	小前锋	6	6	41.0	27.7	0.5	4.3	4.8	2.7	2.0	0.0	2.2	4.3	8.7	17.8	48.6%	3.2	7.7	41.3%	7.2	8.7	82.7%
13	郭艾伦	26	得分后卫	6	6	33.8	23.8	0.8	3.0	3.8	5.5	1.8	0.0	2.7	2.8	8.7	16.3	53.1%	1.7	4.0	41.7%	4.8	6.0	80.6%
55	韩德君	33	中锋	6	6	41.0	23.2	4.0	11.2	15.2	2.5	0.5	1.2	2.2	3.3	8.7	15.5	55.9%	0.5	0.7	75.0%	5.3	6.5	82.1%
3	赵继伟	24	控球后卫	6	0	20.8	10.7	0.8	2.2	3.0	3.0	2.5	0.0	1.2	3.0	3.8	8.5	45.1%	1.0	3.5	28.6%	2.0	2.2	92.3%
0	高诗岩	24	控球后卫	6	0	24.0	9.0	1.7	2.2	3.8	1.0	2.0	0.0	0.3	3.3	3.3	9.2	36.4%	0.8	3.5	23.8%	1.5	2.3	64.3%
11	刘志轩	29	小前锋	6	6	23.5	6.8	0.3	1.7	2.0	2.5	0.8	0.2	0.7	1.5	2.5	4.2	60.0%	1.5	2.8	52.9%	0.3	0.3	100.0%
6	贺天举	29	大前锋	6	5	27.5	6.7	0.8	2.7	3.5	1.0	0.8	0.2	1.2	2.5	2.5	8.7	28.8%	1.2	5.3	21.9%	0.5	0.8	60.0%
32	王化东	20	大前锋	6	1	15.8	2.8	0.5	0.5	1.0	1.2	0.5	0.0	0.2	2.5	0.8	2.2	38.5%	0.5	1.7	30.0%	0.7	1.2	57.1%
10	丛明晨	25	小前锋	5	0	10.0	2.6	0.4	0.4	0.8	0.2	0.2	0.0	0.2	1.4	0.8	1.8	44.4%	0.8	1.4	57.1%	0.2	0.4	50.0%
17	刘雁宇	21	中锋	5	0	3.6	0.6	0.0	0.4	0.4	0.0	0.0	0.2	0.0	1.0	0.2	0.8	25.0%	0.0	0.0	0.0%	0.2	0.6	33.3%
15	郭旭	25	小前锋	2	0	2.5	0.0	0.0	0.5	0.5	0.0	0.0	0.0	0.0	0.5	0.0	0.0	0.0%	0.0	0.0	0.0%	0.0	0.0	0.0%

2020—2021赛季

主教练：杨 鸣
助理教练：马丁内斯、吴乃群、卢 伟
领 队：李洪庆
球队管理：朱佳明
翻 译：杨小楠
队 医：程 亮、王星智

常规赛 45胜9负 全联盟第二

季后赛
八强赛 1：0浙江广厦 半决赛 2：0浙江稠州
1：2广东宏远

常规赛

号码	球员	年龄	位置	场数	首发	时间	得分	前板	后板	篮板	助攻	抢断	盖帽	失误	犯规	投篮命中	投篮出手	投篮%	三分命中	三分出手	三分%	罚球命中	罚球出手	罚球%
13	郭艾伦	27	得分后卫	44	41	32.5	23.1	0.8	3.2	4.0	8.1	1.5	0.1	2.9	3.3	8.3	17.3	48.4%	1.2	4.3	27.8%	5.2	6.8	77.4%
24	梅奥	33	得分后卫	51	41	29.0	20.2	0.7	4.2	4.9	3.1	1.5	0.1	1.7	2.8	7.1	13.8	51.6%	2.8	6.3	44.9%	3.1	3.5	89.3%
15	弗格	31	得分后卫	5	0	19.8	19.0	1.0	2.8	3.8	5.8	2.0	0.2	1.4	2.2	5.0	10.6	47.2%	2.0	4.6	43.5%	7.0	7.6	92.1%
55	韩德君	34	中锋	48	47	28.4	16.0	3.2	7.4	10.6	1.8	0.6	1.1	1.4	3.2	5.6	9.2	60.9%	0.0	0.1	0.0%	4.8	6.1	78.6%
7	张镇麟	22	大前锋	53	43	32.4	14.2	1.4	4.2	5.6	1.5	1.2	0.4	1.2	1.7	5.5	11.1	49.1%	1.7	4.4	38.6%	1.6	2.3	70.5%
3	赵继伟	24	控球后卫	51	30	30.7	13.9	0.8	2.3	3.1	6.2	2.9	0.0	1.8	2.9	4.9	11.1	44.6%	2.4	6.1	39.4%	1.6	2.1	77.6%
1	付豪	23	大前锋	15	6	24.3	9.7	1.7	3.7	5.5	1.1	0.5	0.1	1.1	1.8	3.9	7.3	54.1%	0.0	0.0	0.0%	1.9	2.5	73.7%
14	西蒙斯	31	得分后卫	16	0	12.6	9.0	0.3	2.1	2.4	1.6	0.8	0.2	1.5	1.3	3.0	5.7	52.8%	0.5	1.4	34.8%	2.5	2.9	85.1%
35	朱荣振	22	中锋	52	6	15.6	7.2	1.8	2.5	4.3	0.4	0.3	1.2	0.6	2.8	2.6	4.7	56.1%	0.0	0.1	0.0%	1.9	2.7	71.6%
10	丛明晨	26	小前锋	46	3	17.5	6.0	0.6	0.9	1.4	0.6	0.5	0.2	0.4	1.2	2.0	4.5	44.4%	1.6	3.7	42.9%	0.5	0.5	84.0%
21	吴昌泽	21	大前锋	53	24	21.0	5.7	1.3	2.5	3.8	0.8	0.4	0.3	0.9	2.6	2.2	4.2	50.9%	0.8	1.9	40.2%	0.6	0.8	78.0%
11	刘志轩	30	小前锋	51	28	23.9	4.7	0.5	1.7	2.2	3.5	0.7	0.2	1.4	2.0	1.7	3.9	42.8%	0.9	2.6	33.6%	0.5	0.7	69.4%
17	刘雁宇	30	中锋	18	0	5.6	2.3	0.3	0.6	0.9	0.2	0.0	0.1	0.4	1.3	0.7	1.5	48.1%	0.0	0.0	0.0%	0.8	1.1	78.9%
6	贺天举	20	小前锋	10	0	8.0	1.8	0.4	1.2	1.6	0.3	0.5	0.0	0.4	1.0	0.7	2.3	30.4%	0.2	1.3	15.4%	0.2	0.2	100.0%
36	鄢手骐	24	控球后卫	48	1	9.9	1.8	0.3	0.8	1.0	0.8	0.5	0.0	0.5	1.1	0.6	2.1	27.5%	0.2	1.2	19.6%	0.4	0.5	73.9%
8	马壮	21	得分后卫	6	0	6.3	1.7	0.0	0.5	0.5	0.2	0.0	0.0	0.7	0.7	0.3	1.2	28.6%	0.3	1.0	33.3%	0.7	1.0	66.7%
32	王化东	21	大前锋	27	0	6.0	0.9	0.1	0.3	0.4	0.7	0.3	0.0	0.3	0.9	0.3	1.1	29.0%	0.2	0.9	21.7%	0.0	0.1	50.0%
4	素勒	29	大前锋	1	0	8.0	0.0	1.0	2.0	3.0	2.0	0.0	0.0	0.3	2.0	0.0	0.0	0.0%	0.2	2.0	0.0%	0.0	0.0	0.0%

季后赛

号码	球员	年龄	位置	场数	首发	时间	得分	前板	后板	篮板	助攻	抢断	盖帽	失误	犯规	投篮命中	投篮出手	投篮%	三分命中	三分出手	三分%	罚球命中	罚球出手	罚球%
13	郭艾伦	27	得分后卫	6	4	36.2	20.3	0.8	2.8	3.7	6.8	1.2	0.0	3.7	3.8	7.2	16.0	44.8%	1.8	4.0	45.8%	4.2	5.0	83.3%
15	弗格	31	得分后卫	6	6	28.0	17.0	0.5	5.5	6.0	3.2	1.8	0.3	2.0	3.8	4.2	10.5	39.7%	0.8	3.7	22.7%	7.8	9.0	87.0%
55	韩德君	34	中锋	6	6	33.5	14.2	2.2	5.3	7.5	2.5	0.7	1.2	1.3	4.3	5.5	8.7	63.5%	0.0	0.0	0.0%	3.2	4.8	65.5%
24	梅奥	33	得分后卫	6	0	21.2	12.3	1.5	2.7	4.2	1.0	0.2	0.2	1.8	2.7	4.0	9.3	42.9%	0.7	2.7	25.0%	3.7	4.0	91.7%
3	赵继伟	25	控球后卫	6	6	35.2	12.2	1.0	2.8	3.8	5.5	2.8	0.0	1.2	3.7	4.0	9.0	44.4%	2.3	5.8	40.0%	1.8	2.5	73.3%
7	张镇麟	22	大前锋	6	4	35.8	11.5	1.5	4.7	6.3	1.2	1.5	0.2	1.5	1.7	4.2	9.8	42.4%	1.8	5.8	31.4%	1.3	2.7	50.0%
1	付豪	23	大前锋	6	1	22.2	11.3	1.5	2.3	3.8	0.5	0.5	0.2	0.8	2.2	4.3	7.2	60.5%	0.0	0.0	0.0%	2.7	3.5	76.2%
35	朱荣振	22	中锋	6	0	13.0	3.7	1.3	1.8	3.2	0.2	0.7	1.2	1.2	2.7	1.3	2.7	50.0%	0.0	0.0	0.0%	1.0	1.2	85.7%
21	吴昌泽	21	大前锋	5	3	18.8	2.2	1.6	1.4	3.0	0.2	0.2	0.0	0.2	1.6	1.0	2.2	45.5%	0.2	1.0	20.0%	0.0	0.4	0.0%
4	泰勒	29	大前锋	1	0	2.0	2.0	1.0	1.0	2.0	0.0	0.0	0.0	0.0	1.0	1.0	1.0	100%	0.0	0.0	0.0%	0.0	0.0	0.0%
11	刘志轩	30	小前锋	5	0	8.2	1.2	0.2	0.6	0.4	0.2	0.6	1.0	0.4	1.0	0.4	1.0	40.0%	0.4	0.6	66.7%	0.0	0.0	0.0%
10	丛明晨	26	小前锋	2	0	1.5	0.0	0.0	0.0	0.0	0.0	0.0	0.0	0.5	0.0	0.0	1.0	0.0%	0.0	0.0	0.0%	0.0	0.0	0.0%

2021—2022 赛季

主教练：杨 鸣
助理教练：吴乃群
领 队：李洪庆
球队管理：朱佳明
翻 译：杨小楠
队 医：程 亮、王星智

常规赛
32 胜 6 负 全联盟第一

季后赛
八强赛 2：0 山西汾酒 半决赛 3：0 广东宏远
总决赛 4：0 浙江广厦 赛季获得总冠军

常规赛

号码	球员	年龄	位置	场数	首发	时间	得分	前板	后板	篮板	助攻	抢断	盖帽	失误	犯规	投篮命中	投篮出手	投篮%	三分命中	三分出手	三分%	罚球命中	罚球出手	罚球%
13	郭艾伦	28	控球后卫	21	21	29.0	21.5	1.0	2.7	3.7	6.5	1.0	0.0	3.0	2.3	8.1	18.4	44.3%	1.8	4.6	38.5%	3.4	4.5	75.8%
4	弗格	32	得分后卫	31	30	25.1	19.4	0.5	3.4	3.9	2.8	2.3	0.5	1.4	2.8	7.1	11.9	51.6%	2.0	4.9	39.9%	5.2	6.0	86.6%
3	赵继伟	26	控球后卫	37	19	29.2	14.3	0.5	2.2	2.7	8.0	2.2	0.0	2.9	2.1	5.1	11.6	44.1%	2.4	6.4	37.4%	1.7	2.1	79.7%
7	张镇麟	23	小前锋	33	33	32.2	13.8	1.2	3.5	4.8	1.9	1.5	0.2	1.9	1.2	5.3	12.62	42.2%	1.4	4.2	33.1%	1.8	2.3	77.9%
1	付豪	24	大前锋	38	9	24.5	13.6	2.0	3.6	5.6	1.3	0.4	0.2	1.1	2.0	5.3	9.3	56.9%	0.4	1.2	37.7%	2.6	3.7	71.2%
55	韩德君	35	中锋	28	27	23.0	11.4	3.1	6.2	9.4	1.8	0.6	0.9	1.5	2.6	4.3	6.8	63.2%	0.0	0.0	0.0%	2.8	3.9	72.5%
10	丛明晨	27	小前锋	32	5	19.0	7.0	0.3	1.5	1.8	1.0	0.4	0.1	0.8	1.0	2.3	5.1	46.0%	1.6	3.5	45.0%	0.7	1.0	71.9%
35	朱荣振	23	中锋	24	5	14.4	6.8	1.5	2.2	3.7	0.8	0.4	1.0	1.0	2.1	2.5	5.0	49.6%	0.0	0.0	0.0%	1.8	2.9	63.8%
25	莫兰德	30	中锋	25	1	18.4	6.7	2.2	4.6	6.8	1.0	1.3	1.5	1.0	2.8	3.0	5.4	54.8%	0.0	0.4	10.0%	0.8	2.0	37.3%
22	李晓旭	31	大前锋	28	26	22.8	5.5	2.4	3.0	5.3	1.4	1.3	0.3	0.4	2.3	2.4	4.9	48.8%	0.7	1.9	37.7%	0.1	0.3	22.2%
27	俞泽辰	21	小前锋	27	0	11.7	4.1	0.1	0.9	1.0	0.3	0.5	0.2	0.4	0.7	1.4	3.3	43.2%	1.0	2.6	39.1%	0.3	0.4	72.7%
21	吴昌泽	22	大前锋	22	7	18.1	4.0	1.1	1.9	3.0	0.6	0.2	0.3	0.6	1.9	1.6	3.7	44.4%	0.3	1.3	20.7%	0.4	0.7	60.0%
36	鄢手骐	25	控球后卫	31	2	17.5	4.0	0.4	1.5	1.9	1.9	1.0	0.0	0.8	2.0	1.4	4.3	32.3%	0.6	2.2	26.1%	0.6	0.8	83.3%
5	周俊成	23	得分后卫	20	5	14.7	3.4	0.9	0.7	1.6	0.9	0.5	0.1	0.6	1.4	1.3	3.4	38.8%	0.2	0.9	22.2%	0.6	1.0	57.9%
11	刘志轩	31	得分后卫	22	0	15.2	2.4	0.3	1.1	1.5	2.4	0.1	0.1	0.9	0.6	0.8	2.3	35.3%	0.5	1.5	36.4%	0.2	0.3	71.4%
8	马壮	22	得分后卫	6	0	5.7	1.5	0.0	0.8	0.8	0.7	0.3	0.0	0.2	0.2	0.7	1.5	44.4%	0.2	0.7	25.0%	0.0	0.2	0.0%
32	王化东	22	大前锋	2	0	4.0	1.0	0.0	0.5	0.5	0.0	0.0	0.0	0.5	0.0	0.5	0.5	100.0%	0.0	0.0	0.0%	0.0	0.5	0.0%
17	刘雁宇	23	中锋	7	0	6.1	0.9	0.6	0.6	1.1	0.0	0.0	0.6	0.4	1.6	0.4	1.3	33.3%	0.2	0.0	0.0%	0.0	0.0	0.0%

季后赛

号码	球员	年龄	位置	场数	首发	时间	得分	前板	后板	篮板	助攻	抢断	盖帽	失误	犯规	投篮命中	投篮出手	投篮%	三分命中	三分出手	三分%	罚球命中	罚球出手	罚球%
13	郭艾伦	28	控球后卫	9	9	35.6	20.4	0.8	4.4	5.2	6.9	0.7	0.0	3.7	3.0	8.0	18.0	44.8%	1.1	5.2	21.3%	3.3	5.0	66.7%
7	张镇麟	23	小前锋	9	9	39.2	14.8	1.4	2.8	4.2	1.6	1.8	0.4	1.0	1.9	5.1	11.3	45.1%	2.6	5.7	45.1%	2.0	2.3	85.7%
15	弗格	32	得分后卫	9	9	20.3	13.8	0.4	2.6	3.0	1.1	1.6	0.3	1.1	2.2	5.0	9.8	51.1%	1.3	4.0	33.3%	2.4	3.2	75.9%
1	付豪	24	大前锋	9	0	25.9	13.6	1.6	3.0	4.6	0.7	0.3	0.3	0.8	2.2	5.4	9.9	55.1%	1.4	3.8	38.2%	1.2	1.8	68.8%
3	赵继伟	26	控球后卫	9	0	33.3	12.2	1.2	2.1	3.3	7.7	1.4	0.1	2.1	2.2	3.9	10.1	38.5%	1.9	4.7	40.5%	2.6	3.1	82.1%
25	莫兰德	30	中锋	9	0	25.6	11.7	4.0	7.2	11.2	2.8	0.9	1.0	1.7	4.1	5.1	8.8	58.2%	0.0	0.3	0.0%	1.4	2.1	68.4%
55	韩德君	35	中锋	9	9	18.8	6.9	2.2	4.3	6.6	1.2	0.1	0.7	1.0	2.0	2.9	5.1	56.5%	0.0	0.0	0.0%	1.1	1.6	71.4%
35	朱荣振	23	中锋	2	0	8.0	5.5	0.0	1.5	1.5	0.5	1.0	0.5	2.0	2.0	2.5	6.0	41.7%	0.0	0.5	0.0%	0.5	1.0	50.0%
10	丛明晨	27	小前锋	9	0	14.2	3.8	0.6	0.4	1.0	1.2	0.4	0.0	0.9	0.8	1.4	3.2	44.8%	0.8	2.1	36.8%	0.1	0.2	50.0%
22	李晓旭	31	大前锋	9	9	19.8	2.0	1.0	2.6	3.6	0.4	0.7	0.3	0.2	3.1	0.9	2.6	34.8%	0.2	1.4	15.4%	0.0	0.2	0.0%
5	周俊成	23	得分后卫	7	0	7.0	2.0	0.9	0.1	1.0	0.1	0.0	0.0	0.3	0.3	0.9	1.3	66.7%	0.3	0.3	100.0%	0.0	0.0	0.0%
11	刘志轩	31	小前锋	3	0	7.3	1.0	0.0	0.3	0.3	0.7	0.0	0.0	0.3	0.0	0.3	1.7	20.0%	0.0	1.3	0.0%	0.3	1.3	25.0%
21	吴昌泽	22	大前锋	1	0	2.0	0.0	0.0	1.0	1.0	0.0	1.0	0.0	1.0	1.0	0.0	2.0	0.0%	0.0	1.0	0.0%	0.0	0.0	0.0%
36	鄢手骐	25	控球后卫	1	0	2.0	0.0	0.0	0.0	0.0	0.0	0.0	0.0	0.0	0.0	0.0	1.0	0.0%	0.0	0.0	0.0%	0.0	0.0	0.0%

2022—2023赛季

主教练：杨 鸣
助理教练：吴乃群、刘子庆
领 队：朱佳明
球队管理：
翻 译：杨小楠
队 医：程 亮、王星智

常规赛
32胜10负 全联盟第三

季后赛
八强赛 2：0北京首钢 半决赛 3：2浙江广厦
总决赛 4：0浙江稠州 赛季卫冕总冠军

常规赛

号码	球员	年龄	位置	场数	首发	时间	得分	前板	后板	篮板	助攻	抢断	盖帽	失误	犯规	投篮命中	投篮出手	投篮%	三分命中	三分出手	三分%	罚球命中	罚球出手	罚球%
4	弗格	33	得分后卫	40	37	28.2	21.1	1.0	4.1	5.1	3.7	2.1	0.6	2.0	2.8	6.6	14.6	44.9%	2.4	6.3	38.3%	5.5	6.8	81.9%
13	郭艾伦	29	得分后卫	21	27	30.6	17.5	1.2	3.1	4.3	6.3	1.3	0.1	3.6	2.4	6.4	15.1	42.4%	1.0	3.8	25.5%	3.2	4.6	70.2%
77	张镇麟	24	小前锋	29	29	35.1	15.7	1.4	4.9	6.3	3.1	1.6	0.3	2.0	1.2	5.7	13.0	43.9%	2.1	5.8	37.1%	2.1	2.7	77.2%
3	赵继伟	27	控球后卫	39	22	33.0	11.4	0.5	2.6	3.1	8.3	0.9	0.0	2.8	2.3	3.9	9.8	40.2%	2.4	6.1	38.8%	1.1	1.4	76.8%
1	付豪	25	大前锋	39	9	23.9	11.1	2.2	3.6	5.7	1.3	0.4	0.2	1.0	2.1	4.6	8.6	53.3%	0.6	2.2	26.2%	1.3	1.9	68.9%
23	桑普森	30	大前锋	28	0	16.2	10.3	1.7	3.3	5.0	0.9	0.8	1.3	0.6	2.2	4.3	7.9	53.6%	0.3	0.7	36.8%	1.5	2.3	65.6%
25	莫兰德	31	中锋	10	3	20.8	9.9	2.8	7.3	10.1	1.7	1.6	2.3	1.8	3.1	4.0	7.4	54.0%	0.4	0.6	66.7%	1.5	3.1	48.4%
55	韩德君	36	中锋	24	20	18.7	8.6	2.4	4.3	6.7	1.0	0.7	0.4	1.1	2.3	3.1	5.2	60.0%	0.0	0.0	0.0%	2.3	3.2	73.7%
10	丛明晨	28	小前锋	35	13	20.3	6.2	0.6	1.2	1.8	0.6	0.5	0.1	0.8	1.3	2.1	4.7	44.9%	1.6	3.6	44.0%	0.4	0.5	72.2%
22	李晓旭	32	大前锋	37	34	26.3	6.1	2.1	3.6	5.6	1.2	1.2	0.8	0.7	2.5	2.3	5.5	42.6%	1.1	3.0	35.1%	0.4	0.8	45.2%
17	刘雁宇	24	中锋	27	12	16.0	4.0	1.3	1.7	3.0	0.8	0.3	0.7	0.6	2.1	1.6	3.4	45.6%	0.0	0.0	0.0%	0.9	1.3	71.4%
21	吴昌泽	23	大前锋	20	0	14.1	2.9	1.0	1.6	2.6	0.5	0.4	0.7	0.6	1.3	1.1	3.0	35.0%	0.5	1.8	28.6%	0.3	0.3	83.3%
27	俞泽辰	22	小前锋	28	0	10.6	2.5	0.3	0.9	1.1	0.4	0.6	0.1	0.2	0.7	0.9	2.5	36.2%	0.6	1.9	29.6%	0.2	0.4	45.5%
36	鄂亚琪	26	得分后卫	25	0	13.0	2.3	0.5	1.0	1.4	1.0	0.9	0.0	1.0	1.2	0.8	2.6	28.8%	0.3	1.2	24.1%	0.5	0.5	92.3%
5	周俊成	24	得分后卫	23	0	10.3	2.0	0.4	0.9	1.3	0.6	0.2	0.0	0.5	1.3	0.9	1.9	48.8%	0.3	0.3	28.6%	0.1	0.2	60.0%
9	鄂士博	20	控球后卫	1	0	3.0	2.0	0.0	0.0	0.0	0.0	0.0	0.0	0.0	2.0	1.0	2.0	50.0%	0.0	0.0	0.0%	0.0	0.0	0.0%
28	卢梓杰	24	中锋	7	0	10.0	1.9	1.1	1.2	2.3	0.4	0.0	0.4	0.4	1.0	0.9	1.7	50.0%	0.0	0.0	0.0%	0.1	0.3	50.0%
8	马壮	23	得分后卫	6	0	11.7	1.3	0.0	0.7	0.7	0.5	0.5	0.0	1.0	1.2	0.5	2.3	21.4%	0.2	1.7	10.0%	0.2	0.7	25.0%

季后赛

号码	球员	年龄	位置	场数	首发	时间	得分	前板	后板	篮板	助攻	抢断	盖帽	失误	犯规	投篮命中	投篮出手	投篮%	三分命中	三分出手	三分%	罚球命中	罚球出手	罚球%
15	弗格	33	得分后卫	11	7	24.3	20.6	0.4	4.2	4.5	2.5	1.5	0.4	1.5	2.8	6.5	14.6	44.1%	2.9	7.0	41.6%	4.8	5.8	82.8%
3	赵继伟	27	控球后卫	11	11	41.4	17.7	1.6	2.3	3.9	9.5	2.3	0.3	2.9	2.8	5.9	13.3	44.5%	3.0	8.8	34.0%	2.9	3.4	86.5%
77	张镇麟	24	小前锋	11	11	40.1	14.9	1.0	4.7	5.7	3.5	1.8	0.6	1.9	0.6	5.5	14.2	39.1%	2.1	6.9	30.3%	1.7	2.1	82.6%
13	郭艾伦	29	得分后卫	6	4	27.2	13.8	1.0	1.0	2.0	3.7	1.0	0.2	2.0	2.3	5.0	12.5	40.0%	1.3	3.5	38.1%	2.5	3.2	78.9%
25	莫兰德	31	中锋	11	4	22.1	9.3	4.0	5.6	9.6	1.8	1.3	1.7	1.6	1.6	3.9	7.2	54.4%	0.0	0.4	0.0%	1.5	2.7	53.3%
55	韩德君	36	中锋	10	7	23.8	7.9	2.8	4.3	7.1	0.9	0.9	1.5	0.9	3.2	3.2	5.5	58.2%	0.0	0.0	0.0%	1.5	1.9	78.9%
22	李晓旭	32	大前锋	11	11	33.0	7.7	2.9	4.4	7.3	0.5	1.0	0.5	0.8	3.0	3.1	7.7	40.0%	1.3	4.0	31.8%	0.3	0.5	50.0%
1	付豪	25	大前锋	11	0	14.7	6.5	1.0	2.0	3.0	0.3	0.2	0.0	0.5	1.2	2.6	5.5	47.5%	0.5	1.5	35.3%	0.6	0.7	87.5%
10	丛明晨	28	大前锋	11	0	11.5	3.7	0.4	1.2	1.5	0.2	0.5	0.2	0.4	1.3	1.1	3.5	31.6%	1.0	2.8	35.5%	0.5	0.7	75.0%
5	周俊成	24	得分后卫	6	0	5.2	2.0	0.2	0.3	0.5	0.2	0.0	0.0	0.5	0.7	0.8	1.7	50.0%	0.3	1.0	33.3%	0.0	0.0	0.0%
36	鄂手祺	26	得分后卫	9	0	9.4	1.4	0.3	0.2	0.6	0.7	0.2	0.0	0.8	1.2	0.6	1.3	41.7%	0.2	0.7	33.3%	0.1	0.2	50.0%
17	刘雁宇	24	中锋	9	0	4.7	1.1	0.6	0.4	1.0	0.4	0.0	0.3	0.1	0.9	0.4	0.9	50.0%	0.0	0.0	0.0%	0.2	0.2	100.0%
27	俞泽辰	22	小前锋	4	0	4.0	0.8	0.0	0.3	0.3	0.0	0.0	0.0	0.3	1.5	0.3	0.8	33.3%	0.3	0.8	33.3%	0.0	0.0	0.0%
23	桑普森	30	大前锋	2	0	3.5	0.5	0.0	1.0	1.0	0.0	0.0	0.0	0.0	0.0	0.0	1.0	0.0%	0.0	0.0	0.0%	0.5	1.0	50.0%

2023—2024赛季

主教练：杨 鸣
助理教练：吴乃群、弓 戈
领　　队：刘子庆
球队管理：朱佳明
翻　　译：卢睿昕、杨小楠
队　　医：程 亮、王星智

常规赛
43胜9负　全联盟第一

季后赛
八强赛　3：0深圳马可波罗　半决赛　3：2广东宏远
总决赛　4：0新疆广汇　赛季实现三连冠

常规赛

号码	球员	年龄	位置	场数	首发	时间	得分	前板	后板	篮板	助攻	抢断	盖帽	失误	犯规	投篮命中	投篮出手	投篮%	三分命中	三分出手	三分%	罚球命中	罚球出手	罚球%
4	弗格	34	得分后卫	51	7	24.3	19.4	0.8	2.8	3.6	3.9	1.5	0.4	1.9	3.1	5.5	13.0	42.1%	2.4	6.6	36.1%	6.1	7.2	84.6%
77	张镇麟	25	小前锋	47	47	37.5	18.1	1.1	3.4	4.4	4.2	1.6	0.5	2.3	1.2	6.7	14.7	45.7%	1.9	5.7	32.7%	2.7	3.5	78.2%
3	赵继伟	28	控球后卫	48	47	34.2	15.1	0.7	3.0	3.7	8.6	1.9	0.1	2.7	2.8	5.2	12.5	41.6%	2.8	8.1	34.4%	2.0	2.3	86.2%
1	付豪	26	大前锋	49	23	23.0	11.6	1.9	3.7	5.6	1.0	0.1	0.3	1.0	1.9	4.8	9.3	51.3%	0.6	2.3	27.4%	1.4	2.0	70.1%
55	韩德君	37	中锋	49	3	20.3	11.3	2.9	4.7	7.6	1.7	0.2	0.6	1.5	2.3	4.0	6.4	62.1%	0.0	0.0	0.0%	3.4	4.2	80.9%
25	莫兰德	32	中锋	46	44	24.5	11.0	2.9	7.9	10.8	3.0	1.1	1.5	2.3	2.5	4.9	8.6	56.6%	0.2	0.9	25.6%	1.0	2.6	40.0%
13	郭艾伦	30	得分后卫	3	0	19.3	8.7	0.3	2.0	2.3	4.0	0.7	0.0	2.7	2.3	4.0	9.7	41.4%	0.7	2.0	33.3%	0.0	0.0	0.0%
10	丛明晨	29	小前锋	34	12	20.1	6.2	0.5	1.4	1.9	0.6	0.7	0.2	0.6	1.6	2.1	5.5	38.7%	1.4	4.0	33.6%	0.6	0.7	80.0%
22	李晓旭	33	大前锋	50	31	27.2	5.9	3.1	4.3	7.4	1.0	0.7	0.4	0.9	2.6	2.4	6.1	39.3%	0.9	3.2	28.6%	0.2	0.6	33.3%
36	鄢手骐	27	得分后卫	41	22	20.0	5.2	0.4	1.3	1.7	1.4	0.7	0.0	0.8	2.5	1.9	4.7	39.9%	1.1	2.8	39.1%	0.3	0.5	70.0%
2	亚当斯	28	控球后卫	5	0	9.2	5.2	0.4	0.8	1.2	1.0	0.6	0.0	0.6	1.2	1.8	6.2	29.0%	0.4	1.4	28.6%	1.2	1.2	100.0%
37	季虎翼	21	得分后卫	33	2	14.2	3.9	0.7	1.1	1.7	0.6	0.3	0.1	0.3	1.8	1.4	3.5	40.9%	0.8	2.1	36.8%	0.3	0.3	81.8%
7	赵率舟	29	小前锋	14	1	11.3	3.1	0.2	1.0	1.2	0.2	0.4	0.1	0.6	1.7	1.1	2.6	40.5%	0.8	2.1	36.7%	0.1	0.3	50.0%
27	俞泽辰	23	得分后卫	31	15	13.0	2.9	0.1	0.8	0.8	0.1	0.3	0.2	0.3	1.4	1.1	2.9	37.8%	0.6	1.8	32.1%	0.2	0.3	62.5%
17	刘雁宇	25	中锋	26	3	10.2	2.9	0.8	1.2	2.0	0.3	0.2	0.6	0.7	1.6	1.1	2.5	45.3%	0.0	0.0	0.0%	0.7	0.8	81.0%
11	张峻豪	20	控球后卫	36	3	10.3	1.9	0.3	0.4	0.7	1.0	0.3	0.0	0.6	1.6	0.7	2.1	31.2%	0.3	1.0	27.0%	0.3	0.3	81.8%
5	周俊成	25	得分后卫	7	0	7.6	1.3	0.6	1.0	1.6	0.3	0.1	0.1	0.6	1.3	0.4	1.3	33.3%	0.3	0.6	50.0%	0.1	0.6	25.0%

季后赛

号码	球员	年龄	位置	场数	首发	时间	得分	前板	后板	篮板	助攻	抢断	盖帽	失误	犯规	投篮命中	投篮出手	投篮%	三分命中	三分出手	三分%	罚球命中	罚球出手	罚球%
4	弗格	34	得分后卫	12	2	23.8	18.8	0.7	3.3	3.9	2.9	1.7	0.3	2.0	2.5	5.8	13.3	43.8%	2.3	5.9	39.4%	4.8	5.7	83.8%
3	赵继伟	28	控球后卫	12	12	39.8	18.3	1.1	4.6	5.7	8.4	2.5	0.0	2.6	2.8	6.3	13.8	46.1%	3.3	7.7	43.5%	2.3	3.0	75.0%
77	张镇麟	25	小前锋	12	12	42.3	14.9	1.2	4.9	6.1	4.4	1.4	0.8	2.1	1.8	5.4	13.8	39.2%	1.3	5.5	24.2%	2.8	3.2	86.8%
1	付豪	26	大前锋	12	6	26.6	14.3	2.7	3.2	5.8	1.1	0.0	0.4	1.1	2.6	5.7	11.0	51.5%	0.8	2.3	35.7%	2.2	3.4	63.4%
0	库珀	22	控球后卫	7	0	14.0	11.6	0.7	1.6	2.3	3.3	0.3	0.1	1.6	2.4	4.0	8.6	46.7%	0.9	2.1	40.0%	2.7	3.7	73.1%
55	韩德君	37	中锋	12	3	25.5	11.5	2.2	5.3	7.4	1.4	0.3	1.0	0.9	3.3	4.3	6.0	70.8%	0.0	0.1	0.0%	3.0	4.1	73.5%
10	丛明晨	29	大前锋	6	0	12.7	7.5	0.7	0.5	1.2	0.2	0.3	0.0	0.7	1.3	2.5	4.3	57.7%	1.5	2.5	60.0%	1.0	1.0	100.0%
22	李晓旭	33	大前锋	10	6	24.2	7.1	2.8	2.9	5.7	0.5	1.0	0.3	0.9	2.5	3.4	7.0	48.6%	0.3	2.1	14.3%	0.0	0.3	0.0%
25	莫兰德	28	中锋	11	9	17.3	6.6	2.1	4.7	6.8	2.3	1.0	1.2	1.6	2.6	2.7	5.3	51.7%	0.3	0.8	33.3%	0.9	3.1	29.4%
17	刘雁宇	25	中锋	5	0	10.6	4.2	1.0	1.0	2.0	0.6	0.0	0.2	0.4	1.6	2.0	3.0	50.0%	0.3	1.0	33.3%	0.0	0.0	0.0%
36	鄢手骐	27	得分后卫	11	10	18.4	3.4	0.5	1.9	2.4	0.8	0.5	0.0	1.1	2.5	1.1	3.5	30.8%	0.8	2.4	34.6%	0.4	0.5	50.0%
37	李虎翼	21	得分后卫	5	0	9.0	2.6	0.0	0.6	0.6	0.2	0.4	0.0	0.0	1.2	1.0	2.2	45.5%	0.4	1.2	33.3%	0.2	0.6	33.3%
11	张峻豪	20	控球后卫	5	0	4.4	2.2	0.4	0.2	0.6	0.2	0.4	0.0	0.8	0.8	0.8	0.8	100.0%	0.4	0.4	100.0%	0.2	0.2	100.0%
7	赵率舟	29	小前锋	7	0	5.9	1.3	0.3	0.3	0.6	0.3	0.4	0.0	0.0	0.7	0.4	0.7	60.0%	0.4	0.7	60.0%	0.0	0.0	0.0%
27	俞泽辰	23	得分后卫	3	0	2.3	0.7	0.0	0.3	0.3	0.0	0.0	0.0	0.3	1.3	0.3	0.7	50.0%	0.3	0.3	0.0%	0.0	0.0	0.0%
5	周俊成	25	得分后卫	1	0	8.0	0.0	1.0	0.0	1.0	1.0	2.0	0.0	3.0	4.0	0.0	0.0	0.0%	0.0	0.0	0.0%	0.0	0.0	0.0%

数据来源《中国男子篮球职业联赛官方网站》